国際機関の
リーガル・アドバイザー

― 国際枠組みを動かすプロフェッショナル

Legal Advisers to

JN044595

吉

信山社

Shinzansha

まえがき

　著者は日本の大学の法学部を出て霞が関の省庁でいわゆる「官僚」として 30 年以上働いてきたが、この間、偶然と組織の配慮もあり、国際機関での勤務や国際機関での多国間の条約交渉などいわゆるマルチの仕事に長く携わることになった。もともと国際的な仕事には興味があったのだが、結果的には役人人生の約 1/4 ほどを海外赴任先で過ごし、半分以上を国際的な仕事をするめぐりあわせとなった。この本を書いたのは、これまでにお会いした日本の弁護士や研究者の方々から何度か「国際法の実務をやっている人は珍しい。何か書いてもらえませんか。」と何度かお誘いいただいたことがそもそもの契機となっている。この本では、主に国際機関関係の仕事の経験などを踏まえて、普段日本にいると身近に感じることのない国際法や国際機関関係の仕事がどのように国内での経済社会に実質的に関わっているか、どのようなメカニズムで機能しているか、といった点をわかりやすく説明したいと思っている。

　自分のキャリアの転機となったのは 20〜30 歳代での 2 回の海外生活である。1995 年秋から約半年間ワシントン DC にある米国の運輸省に短期調査員として派遣され、米国での航空事業の規制緩和の影響についてリサーチを行った。日本の役所では法学部出身者も経済学部出身者も、何の差もなく、法律の解釈や法案作成業務に携わるが、米国では、多数の弁護士（ロイヤー）が政府内で働いていて、少しでも法律色のある業務になると、「ロイヤーに聞いてくれ」となった。この経験もあって後に米国のロースクールへ通い、学位を取るとともに最終

的にはニューヨーク州の弁護士資格をとった。転職するつもりがあっ
たわけではなく、ただ、日本で役人をやっていくうえでも米国の政府
関係者が受けるのと同様の教育を受けることは、発想を理解するうえ
で有意義だと思ったし、実際問題として第 2 次世界大戦後の日本の法
制は米国の法制にかなり影響されているのでいろんな意味で役に立つ
と思ったからである。その時は想像もしなかったが、米国の弁護士資
格を取ったことも影響して、後に国際機関の法律顧問として働くこと
となった。

　30 代半ばで国土交通省に戻ってからは、外航海運の分野を中心とし
て、国際機関などでのいわゆるマルチの条約案件や国連決議の履行な
どを担当することとなった。

　そしてその延長線上で、2010 年から約 5 年間、英国ロンドンにある
国際油濁補償基金(International Oil Pollution Compensation Funds (IOPCF))
という国際機関で法律顧問（Legal Counsel）というポジションで働くこと
となった。同基金は、国連専門機関の 1 つである国際海事機関（Interna-
tional Maritime Organization（IMO））と関連する条約に基づき設立され
た国際機関で、保険会社の国際機関版のような機能をもつ組織であ
る。私が勤務していた当時は加盟国数が 114 か国であった。国連やそ
の専門機関などと比べるとかなり小さな国際機関事務局だが、逆に事
務局の規模が小さいので幹部職員としてマネジメントを一通り経験す
ることとなり、基金制度や事務局運営のほぼすべてにかかわることが
できた。もちろん仕事上の苦労もあったが、豊かな時間を過ごし、貴
重な経験ができたのは、当時の上司、同僚、日本政府関係者その他お
世話になった方々すべてのおかげである。改めて感謝申し上げたい。

　結果的に、加盟国政府側の立場と国際機関職員側の立場の双方から

条約交渉、国内履行、条約違反への対応等に長く携わることとなった。このように私のキャリアパスは一般的な霞が関の官僚、特に国土交通省のそれとは少し異なっているが、こうした経験から、これからは外務省など政府の特定の部署だけでなく、霞が関の各省庁や民間企業でも国際法に直接関わる仕事は今後ますます増えてくるであろうし、国際法実務を担う人材の規模をもう少し拡充する必要があると思っている。是非若い世代の人たちにこうした仕事に関心をもってもらいたいと思うし、社会の様々な立場の方々に、国際機関に対して情報不足からくる過度な期待や理想主義に走らず、その機能と限界を正確に理解していただき、有効に活用してほしいと思っている。また、海外で働いていた時、ちょうど米国の同時多発テロを経験し、帰国後に米国政府が提案したテロ対策の条約に法律屋として関わることとなった。また、勤務先の国土交通省では、日本の外航商船隊を維持するための外国人船員の確保策やアデン湾での海賊対処や国連決議の国内履行などに携わった。著者は安全保障の専門家ではないので、あくまでも行政に携わる法律屋としての範囲である。しかしながら、こうした日本政府や国際機関での仕事、また海外生活での経験を通じて、国際社会の変遷を図らずも感じることとなった。本著の最後の部分では、そうした個人的な経験も踏まえて、私見を述べさせていただいている。

　全体を通じて知識が整理された専門書というよりは著者の体験談をベースに書いているので、もう少し背景を知りたい方には巻末の参考図書などにより幅広い知識が整理されているのでおすすめしたい。

　本著の第Ⅰ部では、国際機関で実際に経験した仕事について書いた。日々の仕事のイメージがわくようにできるだけエピソードも交えて書いたつもりである。第Ⅱ部では、基金での仕事を通じて触れた国

際法の実務の関係者の世界や多言語社会で働く経験などについて触れている。第Ⅲ部では、内外での仕事で携わってきた海洋法関連の分野を中心に、具体的な条約や国連決議などについて国際法の実務の観点から見た特徴や意義について書いている。第Ⅳ部では、海外生活など著者の経験をもとに現在日本に影響を及ぼしている事象の背景について海外から見た視点で書いている。そして最後にこれまでの仕事や海外生活での経験を経て感じた国際社会の変化を踏まえて、日本にとって国際法や国際機関との関わりについて、私見を述べさせていただいた。

　法律を専門としない人にも広く読んでいただきたいので、あまり専門的になりすぎないような書き方にした。また、私自身、ゼネラリストの公務員であり、国際法の研究者ではない。専門家の方々からすれば稚拙な部分もあろうかと思うがご寛恕願いたい。また、ここに述べているのはあくまでも著者個人の意見であり、所属する組織や日本政府の立場とはなんの関係もないことはいうまでもない。

2021 年 8 月

吉 田 晶 子

目　　次

ま え が き (*iii*)

◆ 第Ⅰ部　国際油濁補償基金(IOPCF)のリーガル・
　　　　　カウンセル ────────────────── 3

1　国際油濁補償基金制度 ………………………………… *4*

　　国際機関で働くことになった経緯／国際油濁補償基金制度の概
　　要／基金のガバナンス

2　Job Description ──基金のリーガル・カウンセルの仕事 … *12*

　　リーガル・カウンセルの Job Description ／国際機関の働き方／
　　会議対応／翻訳に伴う諸問題／基金事務局の同僚たち／【エピ
　　ソード】ヨーロッパとアジア／査定と賠償／加盟国代表たち／
　　仕事のカウンターパートたち／休日の過ごし方／【エピソード】
　　ヨーロッパ文化と日本文化

3　加盟国の条約履行支援 ………………………………… *31*

　　条約を縦にする／国際賠償保障制度の国内法化／拠出金の徴収
　　／国際法の機能と限界／条約の履行義務──国際法と国内法が
　　交差する世界

4　基金のリスク・マネジメント ………………………… *37*

　　国際機関のリスク・マネジメント／基金のリスク・マネジメン
　　ト

5　国際油濁補償基金の清算 ……………………………… *40*

　　古い基金を清算する／清算にあたっての課題と有識者チームの
　　発足／国際機関清算の前例探し／係争事案の完了／未収拠出金
　　の整理／保険会社による基金の提訴／国際法上の課題／基金の

解散の決定／【エピソード】根回し／長い清算プロセスの終了
／基金の解散過程を振りかえって

◆ **第Ⅱ部　リーガル・アドバイザーという仕事** ──────── *61*

6　リーガル・アドバイザーという仕事 ···················· *62*

BBC のドラマ／FCO のリーガル・アドバイザー／国際機関の
リーガル・アドバイザー／条約作成のプロセス／国際枠組みを
作る──条約と議会

7　Lingua Franca ──国際機関の言語問題 ·················· *70*

Official Language と Working Language ／【エピソード】Sec-
ond Language Tube Map ／英語の語源／日本語で打つパソコン

8　国際法律事務所の世界 ······························· *74*

国際法律事務所の世界／ Law School と Bar Exam ──アメリカ
ン・ロイヤー／抵触法の世界／【エピソード】LexisNexis と
Butterworth ／合衆国憲法と独立宣言／ Barrister と Solicitor
──イギリスの法曹資格／【エピソード】女性の社会進出と出
産・子育ての両立

◆ **第Ⅲ部　外航海運の世界と国際法** ───────────── *89*

9　国連海洋法条約（UNCLOS）と国際海事機関（IMO） ······· *90*

国連海洋法条約（UNCLOS）──海の上の地図／旗国主義の原則
と便宜置籍／外航海運と国際海事機関（IMO）／外航海運マフィ
アの世界

10　海洋安全保障と国際法 ······························· *99*

海事セキュリティ条約／国連安保理による制裁決議／核開発疑
惑に関する金融制裁／制裁法案／【エピソード】同僚の自動車
を売る外交官／エネルギー資源輸送とシーレーンの確保／アデ
ン湾における海賊問題──普遍的管轄権の行使による違法行為

の抑止／南シナ海仲裁裁判——国際法上の紛争解決手段／南シ
ナ海仲裁裁判の意義と影響／国際裁判の管轄権と判決履行確保
／履行強制力のない世界／国際裁判のプレイヤーたち

◆ **第Ⅳ部　地球の裏側から見た国際社会** ———————*129*

11　地球の裏側から見た国際社会 ……………………………… *130*
　　　紛争地域出身の同僚——世界一安全な国から来た自分／米国同
　　　時多発テロ事件と NSA ／ CCTV と GCHQ ／ Chatham House
　　　——英国外交のシンクタンク

12　The Remains of the day ——経済的影響力を増す新興国、
疲弊する西側先進国 ………………………………………… *139*
　　　大英帝国の日の名残り／経済的影響力を増す新興国、疲弊する
　　　西側先進国／開発と経済安全保障——一帯一路とインフラシス
　　　テム海外展開／開放性ネットワークの濫用と外部環境依存のリ
　　　スク／日本で読む世界史とヨーロッパで読む世界史は異なる

13　デジタル化と英語 ……………………………………… *153*
　　　初めてのネットサーフィンと CRS ／ビッグ・データの可能性／
　　　デジタル・マーケティングと民主主義／インターネットと英語

14　国際機関の理想と現実 ………………………………… *159*
　　　加盟国の影響力——拠出金の多寡と発言力／国際機関と日本人
　　　職員／【エピソード】国際機関職員の処遇——高学歴で不安定な
　　　仕事／国際機関の誘致／国際枠組みを動かす——日本にとって
　　　の国際機関の意義

15　国際社会と法の支配 …………………………………… *167*

　あ と が き(*169*)
　参考文献・資料(*173*)
　索　引(*177*)

● 国際機関のリーガル・アドバイザー ●

◆ 第 I 部 ◆
国際油濁補償基金（IOPCF）のリーガル・カウンセル

　第 I 部では、本著のタイトルにもなっている国際機関での法律顧問としての仕事を中心に紹介したい。国際機関での日々の仕事の仕方などについて、イメージが湧くようにできるだけ具体的なエピソードも交えて書いたつもりである。条約の制度や国際法の論点などは、国際機関での法律の仕事に関心がある方向けに、できるだけ実務の現場がわかるように努めた。法律顧問の仕事といっても、組織の性質や規模によって、またその時々の組織の課題によって異なるが、国際機関特有の法律問題を扱う仕事があることを知っていただければと思う。

◆ *1*　国際油濁補償基金制度

● **国際機関で働くことになった経緯**　2010 年の夏の終わる頃、著者は、ロンドンにある国際油濁補償基金（IOPCF）という国際機関に出向することとなった。国際油濁補償基金は国連の専門機関の1つである国際海事機関（IMO）と関係する多国間条約に基づき設立された国際機関である。それまで日本の国土交通省で外航海運に係る国際海事機関（IMO）の条約交渉や国内履行等に長らく携わってきていたことに加え、30 歳代での米国赴任をきっかけに米国の弁護士資格を取っており、できれば国際法務と行政との接点になるような仕事に携わりたいとの希望を持っていたところ、たまたまご縁があったので、40 代半ばで夫に相談して2人で英国に渡った。著者が採用されたのは、基金の法律顧問というポジションである。国際機関には、組織管理や業務上の合法性を担保するために法律上のアドバイスを行なったり文書作成等を行う部署や機能が存在する。呼び方は組織によって異なるが、リーガル・カウンセル（Legal Counsel）やリーガル・アドバイザー（Legal Adviser）などと呼ばれている。国際機関内部で日々の業務を法律面で支えるポストや部署があるほか、特定の事案に対して法律上のアドバイスを行う国際機関に所属しない外部アドバイザーも存在する。例えば、国連だと、リーガル・カウンセルという幹部ポストの下に法律部があり、これに加えて外部のリーガル・アドバイザーが存在する。一方、国際機関ではないが、英国の外務省にあたる Foreign Commonwwealth Office（FCO）では、法律部門のトップは legal adviser と呼ばれており、その下に legal counseller などと呼ばれるスタッフがいる。このように呼称は一律ではないが、国際機関の業務に

関して法律上のアドバイスをする人たち、という意味で本著ではタイトルを「国際機関のリーガル・アドバイザー」とした。

　日本人が他におらず職場が英語のみの生活となり、帰国子女でもなんでもない著者としては、赴任後の最初の1年は、人生で最も大変な年となった。日本政府代表として、また副議長などとして会議に出席してきていたものの事務局職員としての仕事は全く異なる。有識者などとの議論にキャッチアップできるよう40代半ばにして猛勉強することとなった。関連する専門書を買い集めて勉強し、他の国際機関の資料や基金の過去の資料なども読み込んで頭に入れた。日本語の専門書も買ってみたが、英語で理解しないと仕事にならないので、結局英語の書物ばかりになった。また、国際法のテキストは英語で数多くあるし、英国法について日本語で解説した本もあるが、国際法の実務の参考になる本はあまりない。Treaty law and Practice（「条約法と実務」）というイギリス政府の外務省出身者が書いた本が基本資料として参考になった。条約解釈の基礎や条約の発効や失効、条約に対する留保や国内法との関係など、およそ問題になりそうな点が網羅されていて便利だった。これに加えて、ウイーン条約法条約（Vienna Convention of Law of Treaties）など基礎的な条約や基金の設立条約など関連する条約の条文、基金の規則類、総会決議などの基礎文書を常時手元にまとめて置いておいた。

　国土交通省でも管理職をしていたし、国際機関でもこの年齢と職歴であれば通常なら実務というより管理職的な仕事だろう。だが、事務局の規模が小さく、また、法律顧問という極めて専門職的なポストであったので、幹部会メンバーでありつつ、自ら資料を書いたり実務も行うこととなった。結果的には、ハンズオンで仕事をすることで業務

基金の会議風景

を正確に理解することができ、マネジメント上も役に立ったのでよかった。また、国際機関にしては珍しいが、組織のトップである事務局長が弁護士事務所と保険会社を経た保険分野の専門家ではあったが政府機関での勤務経験がなかったため、基金制度を運営する上で公的機関としてのガナバンスや加盟国政府側からの視点での意見を求められることも多かった。そういった点からも組織運営に貢献できたので自分としては幸いだった。

● **国際油濁補償基金制度の概要**　まず、現行の国際油濁補償基金制度の概要と基金事務局職員がどのような仕事をしているか、ざっと説明したい。

　国境を越えて運航する石油タンカーはいったん事故が起こると周辺の海域や沿岸に甚大な環境被害を及ぼす。日本でも 1995 年にロシア籍の石油タンカー「ナホトカ」号が日本海で事故を起こし、日本の沿岸に多大な被害を及ぼした事故を覚えている方もいるかもしれない。このような事故に備えて、石油タンカーは国際条約（1969 年の油による汚染損害についての民事責任条約を改正する 1992 年の議定書（略称：1992 年民事責任条約（1992CLC）））に基づき、自ら保険に加入することを義務付けられている。条約上、必要な保険付保額は船舶の大きさによって自動的に決められ、船舶側の賠償責任額は故意や過失等がない

限り保険付保の額に制限されている。しかし、事故によっては、この制限額を超える被害が出る可能性がある。その様な場合に、船舶側が支払うことができない分を国際条約により設立された基金が支払うこととなっている。各国政府が条約（1971年の油による汚染損害の補償のための国際基金の設立に関する国際条約を改正する1992年の議定書（略称：1992年基金条約（1992FC）））に加盟することにより成立する国際枠組みであり、基金は国際機関であるが、企業の経済活動を下支えする内容となっており、機能も民間の保険会社に近い。なお、民間保険の再保険であるロイズのようなものかとよく聞かれるが、基金はロイズのような再保険ではなく、民間の保険額を超えたときに超えた金額分についてのみ発動する補完的な機能を果たす組織である。2003年には、さらに追加的に補償が必要な場合に備えた追加基金条約が採択されている。これらの賠償・補償に係る規定は、全て条約加盟国の領海又は排他的経済水域（EEZ）で発生した被害に対して適用される。

　多くの国際条約と同様に、国際油濁補償基金の発足にも具体的な背景がある。1967年の大型石油タンカー、トリー・キャニオン号の沈没事故である。英国沖で沈没した石油タンカー、トリー・キャニオン号は、英国とフランスの沿岸に相当規模の油濁損害を生じさせた。現在の国際賠償制度がなかった当時、被害者にとって、事故原因を特定し、原因者から賠償金を得ることは非常な困難を伴った。外航海運の世界ではよくあることだが、船舶運航に関わる関係者が多数の国にわたる。被害はヨーロッパで発生したが、船舶はリベリア籍で、船の運航に実質的責任を持っていたのは米国のニューヨークにある船舶運航管理会社だった。被害者たちは、どの国で誰を相手に訴訟を起せばいいのかすらわからなかったのである。この国際賠償制度の導入は、法的

には、次の3つの概念を取り入れた点で画期的であるとされた。すなわち、1）厳格責任（strict liability）、2）責任集中（channeling of liability）、3）被害発生国裁判所への排他的管轄権の付与（exclusive jurisdiction）の3点である。事故により損害が発生した場合、法律上の原則は、賠償を求める被害者側が、被害の額や被告の責任を証明する必要があるが、この不法行為法の原則に対する例外措置を条約上位置付けたのである。大型船舶の事故の場合、事故原因や責任の有無を追求するには多額の費用、専門知識、そして長い時間がかかる。このため、被疑者の早期救済を第一義として、原則を変更した。まず、原告が被害が発生したことさえ証明できれば、被告に責任があると推定することとした（「厳格責任」）。また、船舶の事故の場合、運航に携わる多くの関係者の間でどの部分に過失があったのかを特定することは一般の被害者には極めて困難である。このため、船舶の所有者として登録されている個人または法人（登録船主）に責任があることと推定することとした（「責任集中の原則」）。そして、原告の訴訟上の負担を軽減するために、被害発生国の裁判所に排他的管轄権を与えた。そして、船舶には一定額の保険加入を条約上義務付け、その一定額を超える部分については、加盟国の拠出金による国際基金を設立し、必要に応じて補償金を払うこととした。

　以上のような枠組みを実現するため、現行の石油タンカーの事故に係る賠償枠組みは上記の条約からなっている。1992年民事責任条約（1992CLC）において、外航船舶に対して保険の付保を義務づける一方、責任の上限額を設けた。上限が設定されているのは、そうでないと民間保険がつけられないからである。そして、こうした保険の上限額を超える事故が発生した場合に、2層目の部分を補てんするために

設立されたのが、1992 年基金条約に基づき設立された 1992 年基金である。通常、追加補償を伴う基金とあわせて国際油濁補償基金（IOPCF）と呼ばれる。1992CLC 条約の締約国だけが 1992 基金条約の締約国となることができることとなっている。

　基金は機能上世界各国で賠償訴訟を抱えている。各国の裁判所の書面の言語はその国のローカル言語なので、概要を英語でメールで送ってもらうほか、重要なものは判決自体の英訳を送ってもらい、事務局内で検討して対処方針を決めて指示を出していた。イギリスはもちろんのこと、韓国、中国、ロシア、フランス、ギリシャ、トリニダード・トバゴ、スペイン、ベネズエラなど、お国が違えば裁判所や弁護士のあり方も違う。アフリカのある治安の悪い国の事案では、事故が発生したのがテロリストが実効支配している地域だったので、引き受けてくれる弁護士を見つけるのに苦労したり、国によっては、弁護士のアドバイスは法律上の論点ではなく、理屈はいいから政府のこの人間に話をしてこい、というものだったりもする。またある国では、賠償金を支払うから銀行口座を伝えて欲しいというと、複数のルートからそれぞれ別の口座の通知が来た。1 つに絞ってくれとその国の大使に依頼してもなぜか事態は動かない。こうした仕事をしていると日本ほど真面目で物事が整然と進む国は少数派だと気付かされるが、一方、数の上では加盟国は圧倒的に途上国が多い。このため、国際機関は、合理的な意思決定方法にしておかないと機能不全に陥ることとなる。

　なお、近年では石油タンカーの構造上の安全規制の強化に伴い、石油タンカー由来の大規模災害は激減している。著者が勤務していた期間も、幸いなことに大規模な事故は発生しなかった。かわって、近年は、エネルギー源として使用が増えている天然ガスなど他の危険物質

について国際賠償枠組みを作る条約（危険物質及び有害物質の海上輸送に関連する損害についての責任並びに損害賠償及び補償に関する条約（略称：HNS条約）が1996年に採択されている。2010年に改定議定書が採択されており、「2010年HNS条約」と呼ばれている。条約発効に向けて批准促進の努力が続けられているが、2021年時点において未発効となっている。なお、国際油濁補償基金には、原油の輸入量が大きい米国や中国が加盟していない。基金条約は締約国の沿岸での事故を保障対象とするので、その国で独自の保障制度を作り資金的にも自国のみで供給できると考えれば、あえて加盟する必要に乏しくなる。米国や中国は自国でそれぞれ賠償基金を設立しており、多国間の制度に入っていない。私たちが日常生活で保険に加入する際、保険料の支払額と事故が起こった際の賠償額を比べるように、各国も自国企業が支払うことになる拠出金の額といったん事故が発生した場合に受ける制度上の恩恵のバランスを考慮するのである。

　大規模災害時の補償に係る多国間の国際枠組みという点で類似の制度としては、核物質の船舶輸送の賠償に係る条約や2001年の同時多発テロ後に採択された航空保安基金条約、そして先に述べた2010年HNS条約があるが、何れも発効しておらず、現在機能している国際的な大規模災害への賠償枠組みとしては国際油濁補償制度が唯一のものとなっている。また、イラク戦争終結後に、戦争被害に対する賠償を払うために安保理決議によって設立された国連補償委員会（United Nations Compensation Commission（UNCC））という組織があったが、常設の基金というよりは個別事案対応のものとなっている。国際油濁保障制度については、すでに制度として定着しているが、今後何らかの多国間の保険制度を作るのであれば、より多くの国が批准しグローバ

ルな制度として定着するようにインセンティブ付が必要で、拠出金の
負担と補償を受ける便益のバランスを考慮する必要があるだろう。

● **基金のガバナンス** 　先に書いたように基金は、賠償請求を受けて
査定し賠償金を支払う点では機能的には民間の保険会社に似ている
が、国際機関として組織の性格が異なるためガバナンス構造が全く異
なる。

　国際機関には「設立条約」と呼ばれる条約があり、この条約が発効
することによって設立される。一般的には設立条約に国際機関の組織
ガバナンスに関する事項や組織の機能や事業、加盟国の義務や権利な
どが規定される。基金設立条約には、意思決定機関としての「総会」
と実際の業務運営を行う「事務局」に関する規定が置かれている。他
の国連機関等と同じく、基金の意思決定は全加盟国からなる「総会
（Assembly）」もしくは総会から権限を委任された「執行委員会（Ex-
ecutive Committee）」において行う。個別事案に係る補償金支払いの是
非は執行委員会に委任されていて、事務局において事故の概要、請求
の内容や金額、条約上の留意事項などについて資料を作成し、執行委
員会に諮る。海上保険を提供する会社（Protection and Indemnity
（P&I））は世界的に数が限られており、国際海事保険グループ（Inter-
national Group of P&I（IGPI））として国際的な業界団体を設立してい
る。事故後は、事故船舶に付保していた保険会社とともに合同査定を
行うよう IGPI と協定が締結されており、実務上は保険会社が暫定的
に保険金の支払いを始める。そこで集めた情報をもとに資料を作成し
執行委員会に提出する。付保保険の上限に達した場合に基金から補償
金の支払いを開始する旨の了承を執行委員会から得ることとなる。一
方、総会においては、毎年の予算・決算、事務局の年間活動の報告、

拠出金の徴収、その他基金の運用に係る重要事項を審議することとなっている。総会とは別に少数の加盟国代表と会計監査人から成る監査委員会が設置されており、年に数回事務局から詳細な報告を受けることになっている。監査委員会からは総会に対して、基金事務局の運営に関する報告がなされる。

　もう一方の「事務局(Secretariat)」は常設の組織で、事務局長のみが加盟国による選挙によって選ばれることになっており、その他の職員は事務局に採用される。

　総会での意思決定については、他の多くの国際機関同様に主権国平等の原則のもと、1国1票の原則となっており、どんな大国も最近独立したばかりの小さな国であっても、投票権は同じである。後に述べるように比較的新しく加盟国となった国で条約不履行が目立つようになってからは、拠出金を負担する側の先進国との間で意見の対立が目立つようになった。国際会議では、事務局が議事録を作成するが、自国の発言を公式記録に残すことが極めて重要なので、出席者は自国の発言が正確に議事録に記載されているか入念にチェックする。会期期間中に議事録を作成せず後日公表するところもあるようだが、基金では会期最終日に議事録案を提示し、その場で確定していたので、議事録作成作業は事務局にとってはかなり大変な作業だった。

◆ 2　Job Description──基金のリーガル・カウンセルの仕事 ━

● リーガル・カウンセルの Job Description　　日本では、役所であれ企業であれ、いったん採用されると役所や会社の指示で転勤したり部署が変わったりするが、欧米では、job description といって、あらかじ

め仕事内容と待遇を定めて応募者を採用する形が多い。国際機関においては、政治的な介入の可能性も高いので人事の公正性を担保するためにも、これが徹底されている。著者が採用されたときには、主な仕事は、1）事務局長や事務局職員に対して

基金の著者のオフィスからの眺め

法律上の助言をすること、2）基金のリスク・マネジメント、3）加盟国の条約履行支援、4）設立後長期間を経過した基金の清算などが主な業務となっていた。このほか、幹部会（Management Team）のメンバーとして、基金の人事、財政、IMOなど他の国際機関や加盟国との関係など基金事務局の業務の全てに携わった。リーガル・カウンセルとしての最大の仕事は、意思決定機関である総会等や普段の業務遂行時において、事務局長が適切な判断を下し対応できるようサポートを行うことである。基金の設立条約の解釈や過去の総会決議等との一貫性を確保するため、また、基金制度の円滑な運営に支障をきたすような問題が生じた場合に、必要に応じて外部有識者の支援も仰ぎながら、資料を作成しアドバイスを行う。また、個別の賠償事案を扱う際に各国の裁判所で訴訟対応をする。これは、請求部といって専門の部署があるのだが、基金側の立場を訴訟文書に盛り込むにあたって、条約の文言や総会等での決議等で定められており基金の立場として訴訟上必ず主張しなければならない事項が盛り込まれているか、担当者から相談を受けた場合に助言する。後に詳述するが、リスク・マネジメントは、事務局内の内部統制手続きを責任者として運用し、監査委員

会に報告する仕事。当時、事務局内でのマニュアルの整備等も十分できていなかったので、これを整備することから始まった。以上は、主として事務局内部の仕事だが、加盟国の条約履行支援や基金の清算は、加盟国相手の仕事でより興味深い経験となった。

　幹部メンバーとしては、採用を含めてスタッフの人事や拠出金から成る財政の状況、その他日々の運営のもろもろを情報共有して相談しあった。規模の小さな事務局なので、組織の風通しは比較的よく組織管理上大きな問題が特段なかったのは幸いだった。

🌑 **国際機関の働き方**　基金では仕事柄、頻繁に海外出張に行ったが、多くの職員が常に海外出張に出ているので、そのための設備は非常によく整っていた。管理職以上の職員には、スマホとモバイルパソコンが1台ずつ貸し出されていて、世界中どこにいても電話とメールで連絡ができる。また、VPNによって基金のサーバーにリモートで接続できるので資料をはじめ仕事に必要な情報は世界中どこにいてもアクセス可能である。そもそもプロフェッショナルとして採用されている職員はみな個室が与えられていて、毎週月曜の幹部会議と特にミーティングをセットした場合でなければ、仕事で同僚と顔を合わせる必要はない。業務上のコミュニケーションは基本的にメールで、補足で説明したい時には電話をかけることもある。基金事務局内の人間とコミュニケーションをとるのも、テムズ川の南側のIMOのスタッフとコミュニケーションをとるのも基本的にそれほど差はない。あるとき、訴訟で大事な局面を抱えていたのだが風邪をひいて高熱を出してしまった。自宅のベッドで寝たきりだったのだが、弁護士からは今日の展開はこうだったなどなど報告が上がってくる。こういう論点を漏らさず反論してもらえますかなどとやり取りをするのだが、PCさえ

開く力がなくて、ベッドの上でひたすらスマホでメールを打っていた。2,3日休んで職場復帰したのだが、CCでメールのやり取りを見ていた上司や同僚は、休んでいたことに気付かなかったといっていた。気を使って言っているのかと思ったが本当にそうらしい。込み入った話の時や意見を出し合って方向性を決めるときなどには集まってミーティングをしていたが、普段メールで仕事をすると、コミュニケーションがすべて残るから誤解がないし、口頭で話すよりも文章を書く方が頭の中を整理するにも役立つので、効率的でやりやすい。一方、それだけでは、やはり人間関係が希薄となってさみしいのは洋の東西を問わないのか、ランチタイムや午後3〜4時のティータイムには、なんとなくスタッフが食事やコーヒーなどを囲んでスタッフルームと呼ばれる部屋に自然と集まり雑談していることが多かった。また、定例の総会等の後には打ち上げパーティーが、年末にはクリスマスパーティーがあって、原則全員参加で和やかにわいわいやっていた。

　このような働き方を実際に経験してみて思うのは、成果に変わりがないのであれば労働時間はより短くすべきだと思うし、働く場所も含めて個人の都合にもっとあわせることは可能ではないか、ということである。日本の組織での働き方は、日本の女性の就業率、とりわけ正規雇用の比率が低いことと関係があるのではないかと思っている。2020年の新型コロナ感染拡大後は、日本の組織でもテレワークが広がったが、より効率的な働き方が浸透すればよいと思う。

● **会議対応**　普段はほとんど残業せず定時で帰っていた同僚たちも、総会などの会議期間中は議事録作成作業もあるので皆深夜まで働く。翻訳を含め会議担当セクションは徹夜もしていた。

　各会議の会期ごとに、議題事項（Agenda）を暫定的に決めて事前に
加盟国政府に周知する。そして、総会などの会議開催前には議長や委
員会の委員長などを集めて準備会合を行う。台本のような議事進行ハ
ンドブックを作成し、1ページに1議題として、例えば予算を承認す
る、特定の案件について賠償金を払う、など議題ごとに決定しなけれ
ばならない事項を確認する。また、想定される論点などを確認し、議
事進行に備える。各国政府の立場は、その国全体の方針やそれまでの
発言などから、特定の議題が円滑に進むか、加盟国間で対立するかは
事前におおよそ推測がつく。経験豊かな議長でも、加盟国間でもめる
案件については事前にかなり勉強して当日の議論に備える。新人の議
長は段取りと内容との両方を頭に入れないといけないので、たいてい
緊張して当日の準備をしている。著者は会議期間中はずっと壇上にい
て、議長や事務局長のサポートをする役目だった。議長の隣に座っ
て、議事進行表に沿って議題の消化をチェックしていく。また、発言
を求めて札を挙げている国を見つけて、横から議長にメモを入れるの
も役目である。基本的に札を挙げた順番通りに発言できるよう目配り
してメモを入れ、議長もその順番で指名していくのだが、もめる案件
になると発言の順番によって議論の流れが変わったり、余計な時間が
かかったりするので、その様な場合には議長の裁量で発言の順番を変
えたりして議論をまとめる。このあたりは、議長の経験と資質によっ
て差が出てくる。

　会議期間全体の議事録を作成し、公表する決まりになっており、会
議期間中最も神経を使う仕事の1つである。議題ごとに議事録作成担
当を決めており、また会議中の発言は全て録音している。1日の会議
終了後に、録音も確認しながらそれぞれ自分の担当分の議事録を作成

する。著者は自分の担当分を作成した上で全体も見ることになっていたので、他のスタッフが作成した分が回ってきたらこれもチェックして次に渡す、という作業を毎日夕方以降に行っていた。

　会議に出席する加盟国政府にとっては、自国に持ち帰る議事録は最も重要な成果物である。会期最終日の議事録確認の時間は、特に懸案事項のない国にとってはそれほど問題ではないが、懸案を抱える国、特に対立相手のある国にとっては、自国の立場が正確に反映されているか神経を集中させて確認し、議事録に落とし込む最後の詰めの場である。会期期間中に加盟国同士で鋭く対立することがあるが、その様な時には最終日の議事録確認の際にも表現でもめることが多く緊迫するので、最後まで気が抜けない。その代わり会議期間が終了すると毎回打ち上げパーティーでストレスを発散していた。

　ところで、国際機関の公式な会議に出席するには、各国政府が発行した信認状（credeutialc）を提出する必要がある。会議参加国からなる信任状委員会を毎回設置して、各国代表が提出した信任状が有効なものかどうかチェックする。各国政府のトップか外務大臣が発行するのが通例だが、意外と間違いが多い。間違いを見つけると有効な信任状を提出するようその国の出席者に伝えて会議期間中に是正するよう求める。最終日に信任状委員会の報告もなされ、議事録に記載されるのでそれまでに修正するのである。

　基金の会合は、同じくロンドン市内にある国際海事機関（IMO）の会議室で開催される。2000年代半ばあたりから、発言者がだれかわからない、との意見がでて、前面に大型スクリーンが設置され、加盟国が発言のためにマイクをオンにすると自動的に前面のスクリーンと連動して、発言者がスクリーンに映し出されることとなった。著者自身

基金会合のドキュメント
（出典：IOPC/OCT13/8/5）

も政府代表として参加していた時期もあるので経験したのだが、発言しているときは机上の発言メモやパソコン画面を見ながら発言しているので、自分自身が写っていることに意外と気付かない。気をつけなければいけないのは、自国の前後や隣に座っている国が発言しているときである。時々気付かずにうたた寝をしている他国の代表が画面の隅に映し出されていた。欧米の代表は、紙の資料を持たずにパソコンだけ持って出席する人たちが多く、画面をスクロールしながら資料を読み、トーキングペーパー（自国の意見を発言する際に読み上げる文書のこと）もパソコンを見ながら読み上げていた。

　IMOも基金もペーパーレスを推進していて、勤務期間の途中から会議資料は事前にウェブサイトにPDF版の資料を掲載するだけとなった。それまでは、直前まで会議資料を作成したうえ大量の印刷を行う必要があり、事務局側の負担は大きかったのだが、このペーパーレス化でかなり軽減された。

　昼休みは、政府代表団は会議場近くの外のレストランに繰り出すか、IMOのビル4階にあるカフェテリアで食事をとる。事務局員は会議期間中は忙しいので、このIMOのカフェテリアで食べるか、ま

とめて注文してあるサンドイッチなどをつまみながら仕事をすることになる。著者は政府代表だったときも事務局にはいってからも、よくこのカフェテリアを利用した。他国の政府代表やIMOや他の国際機関の職員など、たいてい知っている人が誰かいて簡単な情報交換にちょうどいい機会になる。会議の内容の話もさることながら、どこに行ってもみんなが好きなのは選挙や人事の話である。A国はもう過半数集めたらしいとか、B国とC国は選挙の見返りにXXのポストを要求しているらしいとか、D機関の事務局長は本国のいいポストが開いたので帰国するらしい、とか事前の噂話がかなりの確率で現実になるのもおもしろい。

　基金の総会やIMOの総会など、国際機関の公式な会議開催中にはIMOのビル内のほか、各国の大使館や公邸でもレセプションが開催される。

　こうしたレセプションもちょっとした情報交換ができて便利である。日本大使館のレセプションは、鮨コーナーが設置されることもありいつも各国代表に人気が高かった。そういう場面では着物を着ないのかと聞かれることがあったが、仕事では他の加盟国政府との関係上なるべく日本色を出さずに中立的な立場でプロフェッショナルとして働いていることを示したかったのでスーツで通した。

● **翻訳に伴う諸問題**　総会など国際機関の会議には、事務局が基本的な文書を準備し、必要に応じて加盟国政府やオブザーバー機関などが文書を提出する。機関によって異なるが、基金では、事務局が主たるオペレーションを行っているので、会議に提出する文書はほとんどが事務局が作成していた。著者自身も担当分野の資料を自ら書いたり外部の有識者の見解を会議用にまとめて提出したりした。総会等の会

議資料は、英語、フランス語、スペイン語の３つの公用語で作成する必要がある。事務局では、英語で資料を作成し、これをほかの言語に翻訳する。先に述べた議事録などは特にそうだが、短時間で正確な翻訳を大量に行う必要があり、基金事務局では、フランス語やスペイン語はそれぞれフランスやスペインに翻訳を発注していた。外国語と日本語の関係で考えてみてもわかると思うが、外国語を母国語に翻訳する方が、逆よりもずっと簡単である。できる人が多いから費用も安くなる。今時メールで送ればいいだけなので、海外発注をし、事務局内のネイティブ・スピーカーの職員がチェックをする体制で対応していた。

　ところで、英語の法律文書は、専門用語はラテン語をそのまま使っていることが多い。あるとき、著名な法律家に法律意見を書いてもらい会議提出資料として作成したところ、途中段階で新しく入った事務局の翻訳担当が勝手に英語に修正していたことが発覚した。彼女いわく、「こんな英語の単語は存在しない。」それはそうだ、ラテン語の専門用語をそのまま使っているのである。時間がないので自分で全部文書を読み直して修正せざるを得なくなったこともあった。

● 基金事務局の同僚たち　基金の事務局は約 30 名ほどの小さな事務局であるが国籍は 15 カ国ほどに及びヨーロッパ人が多い構成となっていた。事務局の構成は、事務局長と法律顧問等からなる事務局長室（Director's Office）、賠償金の査定と支払いを担う請求部（Claims Department）、拠出金の徴収を含む財務全般を取り扱う財務部（Financial Department）、会議運営と加盟国との連絡調整を行う会議渉外部（Conference and External Affairs Department）からなっていた。組織運営を支える IT セクションや総務は財務部の中に置かれていた。法律

顧問としては、通常案件の賠償訴訟で請求部と一緒に働くほか、拠出金の徴収では財務部と一緒に加盟国から未払いの拠出金を払ってもらうのに苦労した。会議渉外部は総会等の議事録作成など、特に会議開催期間中は一緒に働いた。ところで、ほぼ同時期に採用されたフランス人の会議渉外部長からは、政府出身のアジア人女性が自分が希望するポストについているのが気に入らないらしく折に触れ嫌がらせをされた。他人の仕事の成果を横取りするような人間がいるのを見たのは初めてで、最初の1年はかなりストレスだったが、事務局の古参の職員たちは暖かい人が多かったし、IMOや弁護士たち等事務局外の人たちとも淡々と真面目に仕事をするうちに信頼関係を築くことができ、さほど気にならなくなった。財務部はスリランカ出身の部長とインド出身のマネージャーがいて、二人とも誠実で堅実な人柄で事務局を支えていた。とにかく小さな事務局で、何かことが起こるたびに皆で相談してことに当たるのでさながらホームドラマのようだった。また、のちに述べるように古い基金を解散するにあたっては、紆余曲折や苦労も多く、一緒に苦労した分仲間意識が高まったように思った。今でも時折連絡しあっているが、国境を越えて気軽に連絡しあえる友人たちを持つことができたことをありがたいと思う。

┌─ エピソード：ヨーロッパとアジア ─

様々な国に出張に行ったが、加盟国や加盟を検討中の国で条約制度や運用について教育するセミナーなどを開催する出張はお互いに協力的で楽しい出張である。基金制度では拠出金を支払うのが石油業界などの産業界なので政府の担当部署の人たちだけでなく業界団体向けの説明会なども行った。昼間の仕事が終わると当局の担当者たちとたいてい一緒に食事をとって親交を深める。海運関係の仕事はどの国も男

性が多いのだが、法律関係の仕事は女性が多い。家族の話などもするが、映画や本、旅行先の話など、グローバル化の時代、国籍を超えて、皆同じ情報に触れて、同じようなところに旅行に行っているので共通の話題で盛り上がった。

　同僚はヨーロッパ人が多かったので、数か国語を話す彼らをうらやましく思うこともあったが、中国に出張に行った時には、自分だけが漢字を読むことができて妙な優越感を感じた。アジアはアジア、やはり共通の文化的基盤を有しているのである。中国に出張に行って打ち合わせを行った時のこと、こちらは私以外は皆ヨーロッパ人、中国側は弁護士だけが英語を話し、司会役をしていた。会議の冒頭、彼曰く、「中国では中国の物事の進め方があるので、あなたたちには難しいかもしれない。アキコにはわかると思うが。」同じアジア人なので親しみを持って言ってくれているのだろうが、私に中国式ビジネスの仕方がわかるわけではない。が、なぜか双方から頼りにされている。議論が進むうち、中国側のメンバーの仲間内で意見が対立し中国語で怒号が飛び交うようになった。司会役は平然としている。隣に座っているスペイン人の事務局長がひきつった表情で「Akiko, another world…」と、どうしていいかわからない、と助けを求めてくる。彼は、治安の悪い国も含め世界中いろんな国に行っているし、英語、フランス語、スペイン語ができるのでどこに行ってもあまり困らないらしいのだが、アジアは言葉も文化も違って苦手らしい。「何をもめているのかわからないので、説明してもらえませんか。」と司会役に頼んで議事を進めてもらった。

● **査定と賠償**　　加盟国沿岸で事故が発生し、流出した原油によって沿岸が汚染されて被害が生じると、被害者は船会社と同時に基金に賠償請求を行う。国際賠償基金からの支払いが発生する可能性がある大規模事故の場合には、保険会社と合同で査定事務所を設立し、賠償金の査定を行う。ただ、念のため利益相反の可能性を考慮し、弁護士はそれぞれ別の弁護士を雇うこととなっている。

2 Job Description──基金のリーガル・カウンセルの仕事

　基金制度ができた趣旨が、長期にわたりかつコストもかかる訴訟を
避け、迅速に被害者救済を図ることにあるため、共通の査定基準がガ
イドラインとして決定されており、同基準に基づく査定結果を受け入
れる大半の被害者については、同意書を取って速やかに決着する。し
かしながら、これに満足しない被害者がいる場合には、訴訟となり、
たいてい数年、時にはさらに長期にわたり訴訟が継続することとな
る。事故が発生すると、査定のエキスパートに連絡を取ると同時に事
故発生国の弁護士にコンタクトを取り、訴訟対応に備える。外航海運
に係る保険ネットワークで、どの国にもたいてい保険を取扱う弁護士
がおり、英語でコミュニケーションが取れるようになっている。事務
局の使用言語は英語、フランス語、スペイン語となっているが、全員
が使えるのが英語だけなので主に英語でやりとりをする。裁判はその
国のローカル言語で行われ、判決もローカル言語なので、英語で訴訟
の推移について要約を送ってもらい、必要な場合には判決文の全文を
英訳して送ってもらう。フランス語圏やスペイン語圏の事件の場合
は、事務局長はスペイン人で両方の言葉を解するし、フランス語やス
ペイン語を母国語とするスタッフがいるので主に彼らが担当してい
た。初めて訴訟になる国だとその事案を引き受ける弁護士を探すこと
から始まるが、国によっては適当な弁護士を見つけるのに苦労する。
アフリカのある国での事故では、事故が起きたのがテロリストが支配
している地域だったため、引き受けてくれる弁護士を探すのに苦労し
た。最終的にはその国出身の IMO 職員に弁護士を紹介してもらい、
引き受けてもらった。他の国でも初審の裁判所が極めて治安の悪い地
域にあるとの理由で、追加手当を払って裁判に出席してもらったこと
もあった。

　また、基金制度の趣旨は被害者救済のために迅速に賠償金を支払うことであるので、基金は被害者に対して可能な限り速やかに賠償金を支払った後に、事故の原因者や保険会社などに求償することとなる。この場合、どこの国で訴訟をすれば一番有利か、各国の弁護士の意見も聞いて比較検討する。総会で「基金は国際機関なのだから、あまりフォーラム・ショッピング（Forum Shopping）（（注）自分に都合の良い判決を出す裁判所（Forum）を選んで訴訟を起す行為のこと））のようなことなすべきではないのではないか。」との意見が出されたことがあったが、回収可能な資金についてはしかるべく回収することも拠出金を支払っている加盟国や企業等の観点からは必要である。基金ではロンドンにある米系の大手国際法律事務所の海事部門を使っており、その各国ブランチや、各国にある海事専門のブティックファームと呼ばれる小規模の弁護士事務所にも確認する。一度、中東のある国の裁判所に訴えを持ち込もうとしたところ、現地にある事務所からは他の国でも提訴できる可能性があるなら、ここはシャリアのために予見可能性が低いからやめたほうがいい、とのアドバイス。中東といっても外資誘致のために司法制度を近代化している国もあり国によって違うので、最終的には個別具体の事案にならないと結論は出せない。

● **加盟国代表たち**　日々の業務で様々な関係者に接するが、国際機関事務局としては、最も重要なのは加盟国政府である。毎年度の予算を含め基金運営上の重要事項に係る意思決定はすべからく、すべての加盟国から構成される総会でなされる。事務局では加盟国が条約を履行するための支援（テクニカル・アシスタンス（Technical Assistance）と呼ぶ。）を常時行っているし、定期的に加盟国を地域ごとに分けて招待しランチ・レセプションを開催して懇親を図ったりした。

　総会などの会議期間中にはとりわけ様々な相談が事務局に寄せられる。ある総会の休憩時間、とある国の代表とうちの事務局職員がもめている。なにかと思ったら、必ず会議に出席しとある案件について特定の国の立場を支持するよう本国から訓令が来ていたのだが、どういう理由だか知らないが会議に遅刻したらしい。審議には参加したのだが冒頭の定足数をカウントする時間帯にいなかったのである。総会では開始から一定の時間内に出席者（国）をカウントし、会議の定足数（quorum）を充たしているか確認する。会議における意思決定の手続き的有効性を確保するため規則に基づき厳正に実施することが必要で、その時点での出席国名を記したうえで定足数を充たし有効に総会として成立した旨を議事録の冒頭に記載する。あいまいさは許されない。議事録は当然公表する。その代表は、遅刻したのが本国にばれると困るといって猛抗議していたのである。「うちの国を知っているだろう。指示に背いたと思われたら、私は国に帰れない。命に係わるんだ！」。相手は必死である。一方、同僚も「自分が遅れたくせになんで私が怒鳴られないといけないの！」と相当怒っている。上記の定足数の仕組みを説明すると、他の国をどけて自国を入れろという。そんなことはもちろんできない。結局、会議期間中に信任状の要件を充たして出席していれば、議事録とは別資料として整理される出席国リストには掲載される旨を説明してなんとか収まった。本国からの訓令を指示通り果たすことは当然ではあるけれど、その重さは国によって異なる。

　日本語が国連の公用語に入っていないせいもあり、日本人にとって国際会議は敷居が高いように感じられるが、見ていると、言葉の問題もさることながら、要は「慣れ」の問題のようである。会議では通常、

議長や副議長を加盟国相互の推薦に基づき選任するプロセスがある。会議冒頭、新しい議長が選任されるまでの間、前回の議長や事務局が議事進行を行い、議長の選任につき加盟国から推薦が促される。最初のスピーカーたる加盟国が「A国は、B国のC氏を議長に推薦する」などといった形で推薦する。C氏の過去の功績に触れることもある。すると複数の加盟国がこれを支持する旨を発言を行う。通常はここで特段の反対がなければ議長が決まる。副議長なども同じプロセスをたどる。建前上は加盟国相互の推薦と選任だが、実際は事務局であらかじめ案を作成して当事者たちには事前に相談しておき、会議開催当日に推薦や支持をするスピーカーの根回しをする。以前、他の国際会議だったが、英語圏の先進国のA国が推薦人の最初のスピーカーを頼まれていたようだった。たまたま、その人が初めての出席だったらしく、札を挙げて発言すべきタイミングを何度か間違えて、毎回議長に「まだその議題までいっていません。もう少しお待ちください。」と制されて、「すみません、慣れていないものですから」と耳まで真っ赤になっていた。言葉の問題というより、単に場慣れの問題なのだろうと思う。

　かくいう著者自身も、国土交通省から政府代表として国際会議に出ていた頃、自分の発言が原因で会議を止めた経験がある。国際労働機関（International Labor Organization（(ILO)）の会議で、著者自身としては訓令に忠実に発言したつもりだったのだが、発言の内容が直截的すぎて労働組合側を怒らせてしまい、会議が中断されるに至った。以降、著者が札を上げると（国際会議では発言を求める際に自国の札を掲げたり机上に建てたりして発言の意思を示す）、議長から「日本」ではなく「サムライ」と呼ばれてからかわれ続けることとなった。

　ちなみに著者が代表団側で会議に出席していた 2000 年から 2010 年にかけての頃は、加盟国代表団に女性の数はまだ少なく、とりわけ国交省の分野では日本代表団では初めての参加だったようだ。他の国の代表からも日本の代表団で初めての女性だということで覚えてもらえたようで、ロンドンの会議で「この前のジュネーブの会議での発言、うちも賛成なんだ。」などと声をかけられた。今思えば、会議を止めるに至ったので印象に残っていたのかもしれない。海運関係の会議は、もともと女性が少なかったそうだが、著者が定期的に会議に参加するようになった頃から他の国でも急速に増え始めた。

🔵 仕事のカウンターパートたち　　基金事務局の同僚たちに加えて、IMO 事務局のスタッフとは何かと一緒に働くことが多く、多くの人と知りあいになり、会議対応から個別事案まで何かとお世話になった。また、所在地である英国政府の外務省（FCO）や運輸省（Department of Transport）に加えて、国際法の有識者には個別案件で相談することとなった。通常の補償案件は、海事保険会社や英国及び事故発生地の弁護士たちと働くことになる。事故に関する補償業務自体は請求部という部署で対応するのだが、事故発生地での訴訟に関連して様々な国の弁護士たちとやりとりをすることもあり、それぞれお国柄があって面白かった。また、加盟国代表のうち総会議長等の役職についている人たちとは、会議の進行や個別事案の解決に向けて必要に応じて相談することとなった。当時の基金の総会議長は、1971 年基金がマーシャル諸島の David Bruce 氏、運用中の基金として中心となる 1992 年基金がカナダの Jerry Ryzaneck 氏、そして追加基金が韓国の Sungbum Kim 氏となっていた。Ryzanek 氏はユーモア溢れる人物で、彼がボソッとつぶやくジョークが著者はいつもツボにはまり、会

議中などは笑いを抑えるのに苦労した。

　また後に述べる 1971 年基金の解散にあたっては、議長、加盟国代表、大学教授、弁護士事務所、IMO など多数の関係者と頻繁にに打ち合わせを行うこととなった。

● **休日の過ごし方**　日本で働くのに比べて、ヨーロッパではバカンスなど長期休暇が取りやすいし、シェンゲン協定域内では往来が容易なので旅行に行きやすい。大陸ヨーロッパに行くと、それほど距離の離れていない地域間で異なる言語が話されていて、異なる文化や伝統が継承されていることを体験できて非常に面白い。また、ロンドン市内には美術館や博物館が多数あるし、郊外には城館を宿泊施設やレストランとして開放しているところもあり、休日の過ごし方には困らない。ロンドンでは美術館やオペラやコンサートなど素晴らしい文化的蓄積を堪能できるのだが、あまり有名ではないが個人的にお気に入りだったのは大英図書館（British Library）である。ここでは歴史の教科書に出てくるグーテンベルクの聖書や「法の支配」の源とされるマグナ・カルタ（大憲章）の原本を見ることができる。また、クラシック音楽のファンにとってはバッハやモーツアルトの楽譜の原本を見ること

ロンドン市内の美術館

ができる。本物をみることによって、歴史が現在にまでつながっていることを感じることができる。また、作品を見る美術館に加えて作品を買うことができるギャラリーやオークションハウスがたくさんあるロンドンはアートが好きな人にとって理想

的な町である。特に印象に残ったのは、ロンドンでフェルメールの絵画のオークションを見ることができたこと。フェルメールの絵画は現在30点あまりが現存するとされていて、ほとんどが著名な美術館にあるが4点だけが個人所有と言われている。そのうちの1点がオークションに出されたのである。二度と見ることはないと思うと感慨ひとしおだった。

　もう1つ、とてもいい思い出になったのが、オランダで毎年開催されるアートフェアである。世界中のギャラリーが出展し、ピカソやブリューゲルなど美術館で見るような絵画や貴族が手放したらしい宝石類が売られている。なんの変哲も無いコンベンションセンターの内部が真っ白な壁面と花で飾られた高級ホテルのような空間になり、ブロック毎に区切られた空間にギャラリーがずらっと並んで出展している様子は壮観である。行く前に交通アクセスをフェアのウェブサイトで調べたら、プライベートジェット用の近隣空港の情報だけが掲載されていた。著者は鉄道で最寄り駅まで行き、歩いて会場までたどり着いた。欧米の富裕層はインテリアが大好きである。次に書いたように、昔の金ピカな貴族趣味から変遷を経て、現在はより落ち着いたシンプルなものが洗練されたものとして評価されるようになっているようなので日本美術や工芸にとってはチャンスではないかと思う。著者が行った時はヨーロッパ美術がほとんどで日本美術のギャラリーはロンドンのギャラリーが1件出店しているだけだった。日本美術をこうした所に出すと高く評価されるのではないかと思っていたところ、最近は京都の古美術商も出店していると聞くのでがんばってほしい。著者にとっては、もう一度このアートフェアを訪れるのが引退後の夢の1つになっている。

┌─ エピソード：ヨーロッパ文化と日本文化 ─┐

　日本文化や日本美術は、欧米では、日本で思っているよりずっとマイナーな存在である。著者は日本の伝統的な文化芸術はもっと海外に知られる価値があると思う。知らなければ、関心もわかないので、もっと海外に情報を出すべきだが、どのように興味を持ってもらえるかはプレゼンテーションに工夫が必要だ。ゲーテが書いた「イタリア紀行」という本がある。どんより暗い空がたれこめるドイツから南下して到着したローマのカトリックの聖堂で、ろうそくの明かりが消され真っ暗な中でミサ曲が厳かに始まり、やがてろうそくが一本一本ともされていく様子にゲーテがいたく感動するシーンがある。宗教的儀式などの文化遺産は教義の理解を超えて異文化への敬意を呼び起こす。日本でも、奈良のお水取りなど、夜間に火を用いた宗教行事は多い。こうした経験を可能にする機会を増やすことによって、外国人のみならず日本人をも引き付けることができるのではないかと思う。偶然なのか、必然なのかわからないが、洋の東西には全く別物であるのに、並行して発展したかのように似ているものが多い。仏教の声明はキリスト教のグレゴリオ聖歌に似ているし、ヨーロッパの旧都市には荘厳で巨大な教会があり、京都には各宗派の本山が威容を誇っている。イタリアのアッシジや日本の高野山など人里離れた山上には清貧な宗教都市が発展していたりする。為政者の居城を飾るために豪華な絵画や陶磁器や庭園がつくられる一方、経済的に発展した商人階級のために新しい美術が発展したのも同じである。日本人として面白く感じるのは、フランスを中心としてヨーロッパの貴族階級に発展した文化は豪華さと過剰さ(opulence)の洗練であるのに対して、日本美は、──ヨーロッパ文化に影響を受けた「琳派」の例外はあるものの──空間の美であり、ミニマリズムの世界である。現代では、Opulence の代表のようなイタリア・デザインがミニマリズムの方向に進化して非常に洗練されたものになっていて、他のヨーロッパ諸国も影響を受けているように見えることである。ミニマリズムでも、北欧、ドイツ、イタリアではそれぞれテイストが違うけれども、空間の配分、シンプルな装飾、落ち着いた色調、といった共通点があり、伝統的な日本文化、日本デザインと相性がいい。日本人のみならず日本に来る人たちに快適な空間を提

供する点でインテリアのセンスをもっと充実させるとよいと思うし、日本の伝統工芸などの市場開拓という点で海外のインテリアとの融合の可能性をもっと追求してもよいように思う。

◆*3* 加盟国の条約履行支援 ━━━━

● **条約を縦にする**　基金で担当することになった仕事のひとつが、加盟国や条約に加盟を希望する各国政府の支援である。条約を批准するにあたって立法上のアドバイスを求められることもあり、そのような場合には当該国を訪問しセミナーを開いたり、IMO と合同で地域セミナー等を開いたりすることもあった。また、国によっては、「法律を書いてくれないか？」といってきたりする。実話である。

　条約に加盟するとそれぞれの国において条約上に規定された内容を履行する義務が生じる。国によっては条約に加盟しただけでは国内法上の効力を発生させることができず必ず別途立法措置を必要とする国もあるし、加盟すればそのまま国内で法規範として効力を有するとする立場の国もある。後者の場合も、通常は国内法を改正して国内法体系で内容を明確にする。日本は後者の立場をとっている。霞が関では「条約を縦にする」という言い方がある。条約の公用語はその条約に規定されている。例えば基金条約の場合は、英語、フランス語、スペイン語である。この３つもしくは国連の公用語である６か国語（英語、フランス語、スペイン語、中国語、ロシア語、アラビア語）を公用語として規定する場合が多いが、日本の場合は大体英語で条約のテキストを理解し、交渉することとなる。交渉の結果採択された条約を英語から日本語に翻訳し、国内法体系に溶け込ませていく過程を英語が横書き、

日本語が縦書きなので「縦にする」と呼んでいるのである。母国語が条約の公用語の国々はこうした苦労はないのだが、日本では結構な作業になるし、縦にして既存の法令に入れ込む過程で、条約全体の目的が見えにくくなったりする。聞いてみると、こうした苦労は日本だけではなくて、例えばポーランド、タイなど非公用語言語圏の国の政府の人たちと話すと面白いほど同じようなプロセスを踏んでいて、苦労譚も似ている。比較表を作って、条約の公用語版と並べて自国語版を作る、さらに自国の法令でどこに入れ込むか対照表を作るといったプロセスは、いずれの国の官僚機構でも同じだそうだ。

⚫ 国際賠償保障制度の国内法化　基金制度は、船主の責任を定めた民事責任条約（CLC）と国際油濁補償基金からの補償を内容とする基金条約（FC）の二層構造から成る。民法の不法行為の特例制度、保険付保の強制規制部分そして裁判管轄等を定めたかなり複雑な条約となっており、国内法化するにあたって難易度が高い。制度発足時に日本と欧州各国のみが加盟国だった時代はあまり問題がなかったが、加盟国が増えるにしたがって、条約上の義務がきちんと加盟国の法制度に反映されていない例が散見されるようになった。国際法的には、加盟国の条約履行義務違反である。問題は様々な形で出てくる。例えば、事故の際の補償金を支払うにあたっては、被害が生じた加盟国の裁判所に排他的管轄権を付与しており条約を正確に理解し、条約と整合性のある判決を出してもらう必要がある。そのためには、条約加盟国の政府に条約上の権利と義務を正しく国内法に取り込み運用してもらわないといけないのである。また、被害者救済のために補助金を支払うことが基金のミッションなので、そのための資金として必要な額の拠出金を集めることは最も重要な業務なのだが、基金の拠出金徴収の仕

組みでは加盟国政府ではなく加盟国の企業が直接基金事務局に拠出金を支払う仕組みとなっており、国によっては批准手続だけが先に進む一方、国内法制の不備で企業が拠出金を支払わないといった例が増えてきていた。一般に、他の国際機関では、加盟国政府自身が拠出金を支払うことが多いが、基金では加盟国政府に条約上の拠出金支払い義務がないので頭の痛い問題となっていた。著者が勤務していた時には、114か国の加盟国があった。「国家」という言葉を聞いたときのイメージは、官僚制が整備された政府をイメージすることが多い。しかし実際には、多くの国で、政府の規模は小さく、官僚機構が未整備であったり、期待されるように機能していない場合もある。条約に加盟するといっても、批准書を提出するだけで、国内で条約を履行するための措置を取っていないことやそのための実務能力が欠如していることもある。先に書いたように、代わりに法律を書いてくれないか、と頼んでくる国もある。そのため、条約を履行するにあたって、国内法に規定を置かなければならない事項をまとめたモデル立法を事務局で作成し配布したほか、セミナーなどで理解を深める努力をした。

　● **拠出金の徴収**　　既述のように、通常加盟国政府が拠出金を機関に払い、機関の運営資金とすることが多い。しかし、基金の場合は少し変わったファイナンス・スキームとなっていた。石油の海上輸送に伴う環境被害リスクに対するコストを負担するとの考えから、拠出金支払い義務を負うのは加盟国に所在する法人または個人で、海上輸送後の石油の受取量に応じて拠出金の金額が毎年決定される仕組みとなっていた。基金の場合、米国と中国が条約に加盟しておらず、支払い金額が大きいのは日本や韓国、インドに所在する石油会社や電力会社である。加盟国政府の条約上の義務は、自国に所在する石油受取人がし

かるべく拠出金を払うように法律等の制度を整え、各社の年別の受取量を基金事務局に報告するだけとなっている。このような複雑な仕組みのため拠出金の未払いがたびたび発生し、事務局から督促状を送ったり、その国の代表に支払いを督促したり、最後には訴訟を起したりといろいろと対応が必要となった。日本企業のように真面目に払ってくれるところはいいが、新規加盟国の企業や少しでも支払額を減らしたいところは、条約の解釈や国内法の不備を理由に支払いを拒否することとなる。こうした場合、加盟国政府に協力を求めるのはもちろんだが、条約上は受取人に対して対応措置をとることを前提としており、実際に拠出金の支払いを求めて加盟国で訴訟を起したこともあった。しかし、国によっては政府と裁判所は西側先進国で期待されるほど独立してはいないので、裁判所が政府の法制の不備を認めることはまずない。

　また、拠出金の支払い金額の算定根拠となる数字がそもそも自主申告制となっており、ある意味性善説に基づいた制度である。自主申告された数字が正しいかどうかを確認するすべは制度上準備されていない。船舶の航行状況や荷動きについては民間で販売されているデータが別途あるので、そうしたデータも活用しつつ、報告がなされていない、もしくは報告内容に疑義がある加盟国政府には、敬意を保ちつつも、情報の再確認を求めるなどして正確な情報の提供に努める必要があった。このように、拠出金制度については、加盟国数が少なかったころはあまり問題なく運営されたが、加盟国数が増えるにしたがって条約の不履行の問題が生じたため、監査委員会に問題を報告し、総会において審議することとなった。

● **国際法の機能と限界**　例えば、日本で生活していて普段の日常生

活で「法律を学ぶ」という言葉を聞いたとき、通常思いつくのは、憲法、民法、刑法などのいわゆる六法だろう。司法試験の基礎科目もこれら六法が中心となる。これらは主に1つの国の中で成立し適用される法規範の体系である一方、これに対して、主として国家間の関係を規律するのが国際法である。しかし、これら様々な法規範が、現実社会ではどのように相互に関連するかは、普段、あまり意識されることはない。しかし、交通や通信手段の発達によって日常の経済活動が国境を越えて密接不可分に行われている現代社会においては、多くの分野で様々な国際的な枠組みがつくられ、国際法と国内法とが相まって国際枠組みの履行システムができている。

　国内法は、特定の国家の主権が及ぶ領域内に存在する自然人や法人に適用される。国内法は好むと好まざるとにかかわらずその国の人すべてに適用され、また、これに反した場合には通常罰則があり、司法制度を通じて履行が確保される仕組みが整っている。日本を含め法律が成立すると通常国内に広く周知する措置が取られる。日本では官報公示がこれにあたる。

　一方、国際法は基本的に国家間あるいは、国家と国際機関、そしてときに国家や国際機関と個人との間を規律する法規範である。条約や協定はこうした国際法のプレイヤー間で相互の権利義務を定めるものである。国連加盟国は条約や国際協定を締結した場合には、すみやかに国連事務局に登録しなければならないこととされており（国連憲章第102条）、国連事務局のウェブサイトから全登録条約を閲覧することができる。なお、登録されていない条約や国際協定は国連機関に対して援用できないこととされている。国内法と異なり、国際法上、条約はその条約に加盟した国だけに拘束力が発生する。すなわち、国際法

は自ら拘束されることを選んだ者だけが拘束されるルールとなっている。また、条約を履行しなかった場合にこれを強制的に履行させるすべは、その条約に組み込まれていない限り限られている。そして、国家間の国際法に関する紛争を解決する機関として、国際司法裁判所その他の国際法上の裁判所が存在するが、一般的に管轄権は限定されており、判決の履行を確保する実力手段が常備されているわけではない。なお、国際司法裁判所の判決については、国連憲章第94条に基づき締約国は従う義務を負うこととされており、たいていの場合には当事国は判決に従っているが、判決が出てもなお納得できない国家は必ずしも判決に従っていない例もある。

　この履行確保のメカニズムがないことは国際法上の関係における構造的な制約であり、条約枠組みそのものに加盟国に条約を遵守させるためのインセンティブ―もしくはディスインセンティブ（制裁的な仕組み）―を組み込んでおくことが重要になってくる。

● **条約の履行義務――国際法と国内法が交差する世界**　総会では、拠出金に関する基金条約上の義務を果たさない加盟国に対してどのような措置を取りうるか、外部の有識者にも見解を提出してもらい審議が行われた。

　基金条約における加盟国の義務については、条約上明記されているのは石油の受取量について正確に報告する義務と受取者に拠出金を支払うよう国内法において措置する義務の2点であり、これらの義務を履行しなかった場合、国際法違反として基金に対して債務を負う可能性がある。しかし、その債務履行を法律上担保する措置は、国際法上の争いとして基金と当該国との間で合意の上仲裁に付すこととするか、加盟国の国内裁判所において訴訟を提起するほかなく、さらに国

内裁判所において訴訟が可能か否かは当該国の国内法の問題である。従って、外部の履行メカニズムに頼ることは現実的ではないので、基金条約の履行の中で現実的に加盟国に行動を促す仕組みを検討することとなった。

　結論としては、受取石油量の報告漏れや拠出金の支払い遅延がある加盟国に関する補償金支払いを保留するといった制裁措置を盛り込んだ内容の決議を総会で採択することとなった。著者としては、条約に加盟しておきながら義務を果たさず補償金だけ受け取ろうとする国に対して明確なメッセージを示す必要があると考え、当然皆賛成するだろうと思って問題提起を行ったのだが、加盟国からは途上国のみならず先進国側からも、厳しい制裁措置の導入に躊躇する意見が出された。議論の結果、結果的には、一般の被害者については補償金を通常通り支払うが加盟国政府からの請求は保留することで落ち着くこととなった。

◆*4*　基金のリスク・マネジメント

● **国際機関のリスク・マネジメント**　　基金事務局で担当した仕事の1つに基金のリスク・マネジメントがある。

　リスク・マネジメント（Risk Management）とは、起こりうるリスクをあらかじめ認識し（Risk Recognition）、その影響や蓋然性の評価を行い（Risk Assessment）、そのリスクから生じる悪影響の回避又は軽減対策を講じる（Mitigation Measures）といった一連のプロセスのことである。

　初めは他の国際機関のリスク・マネジメントの仕組みを導入しては

どうかと考えたが、国連システムの機関では、当時、参考になるようなシステムを採用しているところは見つからなかった。このため、国際金融機関系の組織の例などを参考にして、組織の規模やその実施コストも勘案して案を作成することとした。

　リスク・マネジメントというと、民間企業であればコンプライアンスをまず思い浮かべるだろうが、国際機関なので各国の国内法に対する合法性はあまり問題にならない。むしろ、加盟国各国が条約を適正に履行しているかどうかが、国際機関としての組織の存続と適正なオペレーションにとって重要である点がユニークなところだと思う。

● **基金のリスク・マネジメント**　　基金のリスク・マネジメントは、2000年代半ばに加盟国に設置した現地の査定事務所が補償額などに不満を持った被害者たちに襲撃されるといった事件をきっかけに、オペレーション上のリスクを検討することから始まった。その後、外部コンサルも活用して安全対策だけでなく査定プロセスなど業務遂行上のリスク項目を選定する作業まで進んでいたのだが、組織のガバナンスに組み込むまでに至っていなかった。ちょうど拠出金の未払いなど他の課題も増えつつあったため、改めてリスクの選定作業を行うとともにこれらをカテゴリー化し、全体のマニュアルを整備した。監査委員会には、大手監査法人出身の外部専門家が任命されていたので、その外部専門家に相談しつつ、事務局や監査委員会、総会などがそれぞれ果たす役割を明確化する形全体をマニュアル化して制度化することとした。基金のリスク・マネジメント枠組みの構築にあたっては、緻密なリスク計算をするということではなく、条約制度全体の脆弱性と事務局運営上の脆弱性を分けて検討し、Mitigation measures を取っていくというアプローチをとることにした。1）ファイナンス、2）

ガバナンス、3）（基金の目的である）賠償、4）セキュリティ、5）コ
ミュニケーション、6）組織の位置づけと有効性（制度的リスク）とい
った6つの分野について、基金制度存続と事務局運営の観点から毎年
リスクを洗い出し、リスク軽減措置を検討、導入したうえで監査委員
会に報告する仕組みとした。一連のプロセスをマニュアル化し、その
旨を総会に報告して承認を得て制度化した。

　基本的なリスク・マネジメントの実施主体は事務局とした。国際補
償基金の場合、保険会社のように年中動いているオペレーショナルな
組織なので、制度を運用している事務局職員が一番情報を持っていて
リスクに気付くし、対処措置も取りやすい立場にあるからである。た
だし、リスク・カテゴリーの6番目「制度的リスク」については、事
務局だけでは対応できないので監査委員会への報告の中で加盟国に対
して問題提起すべき事項を報告することとした。

　具体的な実施手法は次のようなものである。まず、事務局内の各部
署ごとに、職員が認識する業務運営上のリスクを特定する。そのうえ
で起こった時の基金全体への影響の大きさ（Business Impact）、そのリ
スクが起こる蓋然性（Likelihood）、リスク制御の容易さ（Controlabil-
ity）のアセスメントを行う。そして、そのリスクに対するリスク緩和
措置（Mitigation Measures）を検討する、というものである。初めに各
部署において上記のプロセスを行い資料をまとめたうえで、著者が各
部にインタビューをして、事務局全体のレポートを作成し、まず幹部
会にかける。お互いに見過ごしている点はないかなど議論をして最終
案を固め、毎年、監査委員会に報告を行った。監査委員会には個別リ
スクとその評価、緩和措置などすべて報告していたが、基金の総会に
はリスク・マネジメントの仕組みを構築したことと、リスク・カテゴ

リーのみを報告した。個別リスクの存在を公に明らかにすることがかえってリスクを大きくする可能性もあるからである。毎年、同じプロセスを繰り返すのだが、最初の年は各部署とも真面目にやってくれたのだが、何回もするとゆるみが出てくるので、制度を作るよりきちんと運用を続ける方が難しい。定期的に外部の第3者の目を入れるのもいいのかもしれない。

　リスク・マネジメントを担当すると、組織運営の全体像を把握することになるので、自分自身勉強になったし、上司や監査委員会からも感謝もされた。常日頃、業務を行っていると、どうしてもそれぞれ自分の担当分野だけのたこつぼにはまってしまう。Compartmented という単語をこのプロセスで知った。いわゆる縦割りである。全体を見るので予算や人員といったリソースの割り振りの検討にも役に立つ。企業であれば財務報告書や事業報告書を作成するが、政府や公的機関だと組織運営をオペレーションの観点から、全体を棚卸してみる機会は意外と少ない。個別の課題の発掘や将来的なビジョンや成長戦略を描くことは多いが、全体でのリスク管理や資源配分を考えることはあまりない。多様なリスクを抱える公的部門でこそ有効なのではないかと思う。あまり緻密な仕組みを築き上げることにこだわるよりも、大枠をつかめるような簡素な制度設計をして、全体のリスク認識を関係者で共有することは大いに意義があると思う。

◆5　国際油濁補償基金の清算

● **古い基金を清算する**　約5年の勤務の中で最も印象に残った仕事が設立条約が失効した古い基金の清算だった。

　南米のベネズエラの最高裁判所が、条約違反の判決を出したのに対して、基金総会が補償金の支払いを行わないことを決定したうえ、清算することを決めたところ、ベネズエラが猛反発。また、基金解散後の賠償の行方を心配した保険会社からも英国の裁判所で解散さし止めの訴訟を起こされた。国際法の大学教授や弁護士事務所、主要加盟国の代表などに相談しつつ、訴訟対応と総会対応を行った。無事解散まで至ったが、この間、加盟国間でも意見は割れるし、訴訟は年中続いているのでバケーションの間も夜はホテルの部屋でひたすら仕事のメールをやりとりしていたり、高熱を出した時もベッドの上でせっせとメールを打ったりと対応が大変だったが、前例のない中で国際法上可能な対応策を国籍多様な有識者たちと考案するプロセスは知的刺激に満ちていてとても印象に残る仕事となった。

　最終的には、関係者全員が満足したわけではなかったが、訴訟にも勝ち、基金制度自体が崩壊しない形で収束することができて、完了した時にはとりあえず国際機関職員としての職責を果たすことができて本当にほっとした。

　本事案についての推移は以下のとおりである。

　国際油濁補償基金はもともと 1971 年に条約が採択され、1976 年に設立された（以下「1971 年基金」と呼ぶ。）。その後 1992 年に補償範囲を拡大する議定書が採択され、1996 年に新しい基金が発足したことから、同年に古い基金を清算すべきととの決定がなされた。基金を清算するには、まず加盟国が条約を廃棄し条約を失効させる必要がある。その上で、条約の規定に基づき、条約失効後の清算手続きを踏むことが想定されていた。多くの加盟国が旧条約を廃棄し、2002 年に旧条約は失効したのだが、条約失効後も条約が有効であった時に発生した事

故に対して基金が補償金を支払う旨の規定があったことから、その後も、1971年基金は係争事案の訴訟などの対応を続けた。2012年の総会（形式的には総会の機能を受け継いだ「執行理事会」であるが、便宜上以下「総会」と呼ぶ。）で、条約失効から10年が経ち、係争事案の数も当初の22件から5件にまで減少していたため、清算手続きを加速化すべきとの決定がなされた。特段問題がなければ、清算手続きを粛々と進めるのみだったのだが、この件が大変であったのは、条約が失効し基金が清算過程に入った段階で、1つの旧加盟国の最高裁判所が基金に対して下した巨額の賠償命令を求める判決が確定したのに対し、他の旧加盟国たちはその内容が条約の規定違反であるとして対立するに至ったためである。こうして、条約失効後の基金の補償金支払い義務に関して加盟国間で意見が対立し、また、基金の清算によって自社のみが賠償金支払義務を負うことを危惧した保険会社が、英国の裁判所に基金を契約違反で訴えるとともに基金の解散を延期することを求めたことから、事案は、英国裁判所での法廷闘争と、国際機関の総会での意思決定の2正面での争いとなった。加盟国間で意見が分かれ激しい対立はあったが2014年10月の総会で、投票の結果、2014年末で解散することが決定された。解散後の財務諸表が作成され、2015年5月に旧加盟国の会議が招集され、最終財務諸表を承認し、旧基金の清算にかかる全ての手続きが完了した。結論としては、加盟国による投票で解散が決定したのだが、ここでは、基金の清算に関わる法律上の論点を説明するとともに、国際機関の職員がこうした案件にどのように関わるのかと言った点もわかるよう、少し詳しく説明をしたい。

　条約には通常、条約の失効に関する規定があり、加盟国が一定数未満になると条約が失効する。1971年基金は2002年に加盟国数が一定

数以下になり失効した。通常であれば、条約が失効すれば元の加盟国に対する効力はなくなりすべて終了するのであるが、基金の場合は、条約の効力に関する最終条項（Final Clauses）という部分に、条約が有効であった期間に発生した事故については引き続き賠償責任を果たすこと、条約失効時に加盟国であった国は条約失効後も基金の残存義務の遂行を果たすよう拠出金を含め管理義務を負うこと、といった規定が含まれていた。2002年に設立条約が失効した時点で賠償訴訟が終結していない事案が22件あり、被害者からの請求額や訴えの内容を吟味して1971年基金が負う債務は最大でも数億円程度であると見積もりがなされて、必要な資金を当時の加盟国から前もって徴収し事後の訴訟に対応することとされていた。

　条約失効から10年がたった2012年の総会において係争事案は5件にまで減少していたため清算手続きを加速化し速やかに清算を完了することが決定された。

　● **清算にあたっての課題と有識者チームの発足**　清算を速やかに終了させるにあたってはいくつかの課題があった。1）清算を完了し基金を解散させるにあたっての法的課題の検討と解散手続きの整備、2）係争事案の終了、3）未収金の回収などである。

　複雑な案件だったので、事務局では外部のアドバイザーにも協力を依頼し対応チームを作った。事務局内では著者がメインの担当となりIMOの法律部長のバルキン博士（Dr. Balkin）、弁護士事務所、国際法のアドバイザーとしてオックスフォード大学の国際法のサルーシ教授に協力を依頼し、基金の事務局長とともに頻繁に打ち合わせを行った。国連やイギリス政府のリーガル・アドバイザーを務めているサルーシ教授は大学教授であるとともにBarrister（法廷弁護士）の資格を

有していて、後に英国裁判所で訴えられた時には訴訟も担当してもらった。また、事務局サイドでのチームに加え、加盟国側では、カナダ代表として条約制定当時からの経緯を知る重鎮の法律家 P 氏（彼は、古参の加盟国代表であるとともに英国政府から QC（Queen's Council：女王陛下の法律顧問）の称号を授与されている法律家だった。）や 1971 基金総会の議長を務めていたマーシャル諸島代表（イギリス人）には、常に方針につき事前に相談しつつ進めることとした。また、複雑かつ多岐にわたる課題を多くの議事を消化しなければいけない総会において短時間で説明して議論することは現実的ではないことから、総会において 8 か国から成るコンサルテーション・グループを設置し、このコンサルテーション・グループに対してより詳細な報告を行うこととし、並行して基金の監査委員会にも報告することとした。コンサルテーション・グループには、日本、イタリア、カナダなどの代表が入り、カナダ代表に議長に就任してもらって、より詳細な相談をする体制が整った。

　元オーストラリア代表だった IMO の法律部長バルキン博士は途中で IMO を定年退職し、海事法の国際団体である CMI 事務局長に就任した。彼女には、本件に関する基金外部のアドバイザーとして就任してもらい、基金の解散まで一緒に働いた。後日、当時の経緯を文章にして残すべく彼女と二人で論文を書いて発表したが、二人ともフルタイムで働きながらなので、原稿を書き上げるまでには 2 年ほどかかった。さて、完成させたうえで掲載してくれる法律ジャーナルを探したのだが、ボリュームが大幅に増えたことから、逆に掲載先を探すのには苦労した。どのジャーナルも月刊誌のように頻繁に出版されているわけではなく年に 2,3 回発行しているぐらいだし、国際法の人気テー

マの流行りすたりというのもある。結局掲載先を探すのにも1年ほど
かかり、ようやく Tulane Maritime Law Journal という米国の大学の
法律ジャーナルに掲載された。

● **国際機関清算の前例探し**　まず、国際機関の清算というのはあま
り例がなく参考にする前例を探すこととなった。ニューヨークの国連
事務局の法律部に例がないか問い合わせた。国連加盟国はすべての条
約や協定を国連に登録することとなっている。過去に存在した国際機
関に関する資料も国連に寄託されているとのこと。ただし、事務所ス
ペースの関係でファイルはニューヨークの本部ではなくジュネーブに
おいてあるという。過去の国際機関の解散時の決議書のコピーを送っ
てもらい、組織の性質や状況が異なるところを考慮しながら、解散の
意思決定、残余財産の処分、資料の寄託など最終決議に書き込むべき
事項の参考にすることとした。

　通常の国内法人であれば設立国の国内法上の清算手続きを経て清算
することとなるが、国際機関の場合は国際法と国内法の2つの次元に
存在する。調査を進めるうちに、かつて英国に本部があり破産した国
際機関についての判例があることがわかった。「国際すず理事会（In-
ternational Tin Council）」という国際機関が資金運用を誤り破綻して解
散した例があった。その際、銀行等の債権者が国際すず理事会や加盟
国である英国政府を訴えたが、英国裁判所は、国際機関に係る取り決
めのうち英国議会を通して英国の国内法に組み入れられた規範に基づ
き判断を行い、その限りにおいて、原告である債権者たちが求める国
内法に基づく清算手続きは国際すず理事会には適用がないこと、ま
た、加盟国政府間における取り決めの内容については、英国裁判所と
して司法判断を行う適合性を欠く（non-justiciable）と判示していた。

この事案を担当したイギリスの弁護士に連絡を取ることができ、当時の判決など入手可能な資料を教えてもらった。基金の弁護士事務所に伝えて当時の判決（JH Rayner Ltd. v. Department of Trade and Industry and Others（1990）2 AC 418）などを探して送ってもらい、この判決や参考文献を読みこんで条約の条文を踏まえて論点ペーパーを作成し関係者で共有して参考とした。

● **係争事案の完了**　　また、残っている係争案件の処理も並行して進めた。当時基金に対して賠償を求めている事案が4件と基金が求償訴訟を起している事案が1件あり、事務局長や賠償担当の部署が原告や加盟国政府、関係する保険会社などと個別に交渉をし、和解を進めていった。最終的には、基金総会が、基金に支払い義務はないと判断したベネズエラの2件だけが残ることとなった。

　1997年にベネズエラで発生したPlate Princess号という船舶に係る事案では、事故直後の油濁事故対応の専門家による報告では大量の油流出は見られなかったとされており、また、その後裁判所に提出された資料も偽造の疑いがあるものとされていた。1971基金は被告ではなく保険会社側の第3者として訴訟参加しており、上記のように、訴えに疑義があることに加え、原告の訴えは条約に規定される除斥期間を過ぎていること等から、1971基金の総会は、一貫して基金は補償金を支払う義務はないと決定してきていた。しかし、その後、ベネズエラの最高裁判所において保険会社と1971基金に対して2つの漁業組合からの訴えについて合計2700万USドル（約28億円）に上る賠償金を支払うよう命じる判決が出され確定するに至った。また、同じく1997年にベネズエラで発生したNissos Amorgos号の事案では、ベネズエラ政府自身による重複した2件の請求と漁業加工業者による請求

の合計約 1 億 5 千万 US ドル（約 165 億円）の請求がベネズエラの裁判所で係争中であった。1971 年基金は保険会社側の第 3 者として訴訟参加していたが、ベネズエラ政府による 2 件の重複した請求は除斥期間を過ぎたものであり、また、漁業加工業者からの請求については、原告は事故発生後長期間にわたり損失の存在をいっさい証明できていないとして、一貫して基金に支払い義務はないとの立場をとっていた。しかしながら、ベネズエラ裁判所での判決においては、ベネズエラ政府による訴えのうち 1 件について、保険会社に対して条約の責任制限額を無効としたうえで 6 千万 US ドル（約 66 億円（1US ドル 110 円で計算））の賠償判決が出され、保険会社が控訴中であった。

　2013 年の総会では事務局長に対して係争中の案件の早期和解に努めること、一方、ベネズエラにおける訴訟対応については対応を一切終了することを事務局長に対して指示するとともに、2014 年 10 月の定例会合において基金を解散するか否かを審議する旨が決定された。ベネズエラ政府代表は、総会の場で Plate Princess 号の事案につき、1971 基金が補償金を支払うべきとの立場を繰り返し、1971 基金の解散に一貫して反対した。また、Nissos Amorgos 号に付保した保険会社は訴訟が継続中であるとして基金の解散の延期を求めた。

　係争中の案件が完了しない理由は、加盟国 1 国のみの裁判所が明らかに条約の規定違反と解釈される判決を出したことだったのだが、問題が早期に解決しなかったのは、条約の規定上加盟国の裁判所の判決を尊重する旨の規定があったことと、既述のように設立条約の最終条項において条約失効後も基金に補償金の支払い義務を課したことによる。一方で、条約の文言解釈の前提として、明らかに条約の文言違反する判決までも尊重する義務はないというのが他の加盟国の見解であ

った。また、清算を早期に完了させる必要性を加盟国が認識していた
のは、基金の残存資産との関係である。

　2012年に清算を加速化することを決定した時点で1971年基金には
約7億円の資産があったが、係争事案の訴訟費用のために数年のうち
に基金が枯渇することが想定されていた。仮にベネズエラの事案につ
き、仮に英国の裁判所で執行を求める裁判が開始された場合には訴訟
費用の支出のために基金の枯渇はさらに早まることが想定された。し
かし、仮に基金が枯渇した場合、基金独特の拠出金メカニズムから追
加で拠出金を求めることは現実的には困難であることが予想された。
基金の拠出金メカニズムは、原油の海上輸送に伴う環境汚染リスクに
対応して拠出金を課すとの考えのもと、締約国内に所在する個人また
は法人が、海上輸送後の原油の受取量に応じて拠出金を直接基金事務
局に支払う仕組みとなっている。締約国政府の条約上の義務は、受取
人が拠出金を支払うよう法令で義務付けることと、各者の受取量を基
金事務局に報告するのみであり、締約国政府が受取人に代わって拠出
金支払い義務を負う旨書面で基金に通知しない限り、政府には拠出金
支払い義務がないことが明記されていた。あくまでも、条約に基づく
賠償保障義務の主体は、石油輸送に直接関わる者であり、政府は制度
的な担保をすればよいこととされていたのである。しかし、後に詳述
するように、条約失効後すでに10年を経過した段階でこれら企業が
拠出金の追加徴収に応じることを期待することは実際には極めて困難
であった。

● **未収拠出金の整理**　同時に、拠出金の未払い分についても解決す
る必要があった。未払い拠出金がある国と金額について総会に資料を
提出して説明し、総会においても早期支払いを求める決定をすると同

時に個別に支払いを要請した。最後に残ったのは、ロシア、ロシア以外の旧ソ連領（アゼルバイジャン、グルジア、トルクメニスタン）及び旧ユーゴスラビア領の国々（セルビア、ボスニア）である。旧ソ連や旧ユーゴスラビア時代の拠出金債務を負う企業がそれぞれの国の領土に存在していたので、それぞれの政府に協力を要請したが、国家が変わっているので国内法上支払いを強制する制度はすでにない。事実上回収は困難だったため、その旨総会に報告して早々に会計処理をした。ロシアについては、旧ソ連時代からロシアに変わって以降も未払い拠出金があったため、総会において再三にわたりロシア政府に対して未払い拠出金問題を解決するよう求める意見が出され、事務局もロシアの裁判所で未収金回収のための訴訟を起したが、ロシアの国内法に基づき時効になっていたりして勝訴を得るにいたらなかった。最終的には約4万ポンドの未収金が残ることとなり、1971年基金の解散を決定した総会において決議を採択し基金は債権を放棄した。

● **保険会社による基金の提訴**　ベネズエラの案件以外はほぼ和解が完了しつつあった頃、協力協定を結び共同で賠償金の査定・支払いを行っていたノルウェーの保険会社（Gard P&I）が英国の裁判所において1971年基金に対して訴えを起こした。同社が訴訟で求めた内容は、1）基金は、保険会社が賠償金を支払い終わった後にCLC条約の責任の上限を超える部分について保険会社に支払うことを約束しており、その義務を果たさずに解散することは契約違反となることから、当該契約違反に対する賠償金を支払うこと、及び2）その権利を保護するための基金の清算手続きの停止である。同社は、基金が条約違反と断じた案件で被告になっていたので、基金が解散してしまうとすべての賠償金支払い請求が自社に及ぶと考えたのである。この保険会社

からの提訴については、ちょうど基金を解散するか否かを審議する総会期間中に判決が出され、基金が勝訴した。判決では保険会社側が主張するような内容の契約が両者の間では成立していなかったこと、また、基金の特権免除を定めた英国国内法に照らして基金の英国裁判所での特権免除が認められ基金側の主張が認められた。保険会社が控訴しなかったためこの訴訟は1審の判決をもって終結した。

　ちなみに、この訴訟の過程で原告の保険会社が基金の賠償能力の確保のために英国内にある基金の資産の凍結を要求した。この際、あろうことかこの訴えが認められ、基金の銀行口座が一時凍結されるという事態に至った。国際機関は通常、設立条約に特権免除（privileges and immunities）の規定が存在するか、または所在国の政府と特権免除の協定を締結する。国際機関の特権免除とは、国際機関が果たす機能の国際性に鑑み、訴訟手続からの免除や通信の不可侵、資産等への干渉の排除などが認められることを指す。基金も当然英国政府と特権免除協定を結んでいた。こうした条約や国際協定の国内での効力については国によって実務が異なる。憲法に明記されている場合もあるし、その国の判決や過去の慣習から判断される場合もある。例えば日本では国際協定はそのまま国内法の一部として認識され、訴訟においても有効とされる。しかし、英国ではこのような立場を取らず、国際協定に盛り込まれている権利義務は、自国内での立法を通じて国内法化されていなければ有効とされない、との立場をとっていた。問題は、英国政府が特権免除協定の内容を国内法化する際に、文言の一部が変更されており、基金が協定で保護されているはずの特権免除を受けられないと解釈されてしまった。これには、英国外務省（FCO）の協力を仰ぎ、解釈レターを裁判所に提出してもらったが、裁判所の解釈を変

えるには至らなかった。

　本件については本案審議の方で基金側が勝訴したため1審判決後速やかに解除されることとなったが、まだ残存している1992年基金の特権免除協定と英国国内法の関係もそのまま同じ構図になっていたため、その修正を求めていくことが決定された。基金にとって本部を置くホスト国であり、司法制度の安定性に対する評価が高い英国ですらこのようなことが起こったことは驚きをもって受けとめられた。

● **国際法上の課題**　2014年10月の総会においては、解散の意思決定を行うにあたって2点の国際法上の問題についてアドバイザーになっていただいていたサルーシ教授から説明がなされた。

　1点目は、国際機関の解散に係る意思決定を国内裁判所が裁けるか、すなわち、所在国であり保険会社による訴えが継続している英国裁判所が、基金の意思決定機関である総会（執行理事会）の決定に反し、解散を無効とできるか、という論点である。

　2点目は、基金条約43条2項の「1971基金条約が失効する前日の時点において条約に拘束されている国は、44条に基づいて基金がその機能を果たすことができるようにしなければならず、その目的のみにおいて引き続き条約に拘束される」との規定により基金が拠出金の支払いを求めることができるのはどの範囲の国か、という点である。この点については、自国裁判所の判決に基づき賠償を求めるベネズエラや基金を訴えていた保険会社が、過去のすべての加盟国に対して拠出金の追加徴収を求めていた。

　1点目については、国際法と国内法の異なる2つの次元の話になる。国際機関の意思決定はその意思決定機関たる総会（正確には1971基金の場合は条約失効にあたって設立された「執行理事会」）で行われる。

これは国際法上の世界である。一方、加盟国の 1 つである所在国の裁判所が、これを無効にできるか否かというのは、その国の国内法の問題であるが、司法判断適合性（Justiciability）の問題として、英国では国際機関の決定に対して国内の司法権を及ぼすべきではなく、司法上の判断を控えるべき（non-justiciable）であるとの考えがとられており、また、国際機関に係る特権免除に関する国内法令や個別協定においても英国の司法が及ぶ形にはなっていない旨の説明がなされた。

　2 点目については、条約の文言通り、条約が失効した時点で加盟国として残っていた 24 か国のみが条約上拠出金支払い義務を負うこととされたが、これらの国は実質的には拠出金をほとんど支払っていない途上国であった。こうした法律上のアドバイスを踏まえて、1971 年基金の解散の是非について審議がなされた。

● **基金の解散の決定**　先に述べたように、2012 年 10 月に基金の清算を加速化するとの決定をした際、係争中の事案は計 5 件であった。うち、トリニダード・トバゴ、スペイン、ギリシャで係争中であった事案については、2014 年 10 月までに和解が成立した。一方、ベネズエラにおいて係争中であった 2 つの事案（Plate Princess 号及び Nissos Amorgos 号）については、2014 年 10 月会合時点において 1971 基金の総会は内容を詳細に検討し、ベネズエラの裁判所の判決は条約の文言に反していることなどから 1971 年基金に補償金の支払い義務はないとの立場を再確認した。特に、ベネズエラの裁判所の判決は、1971 年基金条約に規定されている 6 年間の除斥期間を無視したものであり、条約の文言に明白に反している点が指摘された。

　ベネズエラ政府は基金の解散の延期を求め、特に Plate Princess 号の事案について 1971 基金からの補償金の支払いを求めた。また、海

上保険会社の国際業界団体（International Group of P&I Clubs（IG））も1971 基金解散の延期を強く求めた。IG&PI の主張に理解を示した英国を含めいくつかの国が解散を延期し関係者間で協議を行うべきとの意見を表明したが、より多数の国が、ベネズエラの裁判所による判決は明白に条約の条項に反しており基金に支払う義務はない、1971 年基金の解散を延期したところで無効な請求が有効に変わるわけではないなどと主張し、基金はすでに条約上の義務を完了しており解散すべきとの意見を表明した。仮に基金が存在し続けた場合には、支払い義務なしと機関決定した事案について訴訟経費のみ支払うことによって早晩基金が枯渇する恐れがあった。また、仮に拠出金を追加徴収するとしても、条約失効後も条約に拘束されるのは、24ヶ国に限定され、かつ、そのうち海上輸送後の石油受け取り実績があり実際に拠出金支払い義務を負う国は 7 か国（マレーシア、ポルトガル、コート・ディボワール、ガーナ、カメルーン、コロンビア、カタール（IOPCF/OCT14/11/1 para 8.2.78）のみとなっていた。これらの国々の代表は、主要拠出国ではないごく限られた数の国々に拠出金支払い義務を負わせるのはフェアではないと主張し、さらに、1992 体制に加わったマレーシアは、すでに旧体制における拠出金徴収に係る法令が廃止されており事実上拠出金の徴収は困難であると発言した。加えて、オブザーバーとして参加していた石油の海上輸送に係る国際業界団体（Oil Companies International Marine Forum（OCIMF））は、明白に条約違反の事案に対して基金が補償金を支払うこととなり、さらに条約失効後長期間がたってからその拠出金を石油会社に求めることとなれば、石油業界における国際賠償枠組みへの信頼を失墜させ、すでに機能している 1992 体制や未発効の 2010 HNS 条約の発効に影響が及ぶ可能性がある旨発言し

た。長時間に及ぶ議論ののち、すでに採択されていた手続規程（Rule of Procedures）に従い 2014 年末時点をもって基金を解散するか否かについて投票が行われることとなった。投票はロールコール方式で実施され、投票の結果は、解散に対して賛成が 29 か国、反対が 14 か国、棄権が 3 か国となり、1971 基金の 2014 年末時点での解散が決定された。いったん解散が決定された後、2014 年末日時点での基金の解散と法人格の消滅、残存資産の処理、最終財務諸表の承認のための会合の開催を国際海事機関（IMO）事務局長に求めることなどを内容とする決議が全会一致で採択された。決議には前文において、1971 基金条約の元締約国及び 1971 年基金はすべて条約上の義務を果たした旨が明記された。

　解散するか否かの投票は、実にドラマチックな場面だったのだが、実は私自身はこの投票場面には立ち会っていない。担当として常に会議には出ていたのだが、この瞬間は IMO やアドバイザーたちと一緒に上階の会議室で決議案の修正案を作成していたからである。原案については作成してあったのだが、会議の議論の中で出た各国の意見を決議案に入れ込むべく追加作業を行っていた。修正した決議案が各国に配布され、決議案については全会一致で採択されたことはこれまでの紆余曲折の過程に鑑みると大きな成果だった。

エピソード：根回し

　ところで、いずれの国でも物事を円滑に進めるには根回しが必要である。基金の清算にあたっては加盟国間の対立が激しかったこともあり、事務局長からはしょっちゅう IMO の了解をとってこい、と指示された。カウンターパートの法律部長は途中で元アメリカ政府代表に交代した。コーストガードのロイヤー出身の朗らかで親切な人物で、最

初のうちは IMO の条約だからといって真摯に話を聞いてくれていた
のだが、本人が多忙であることに加えて、加盟国間の対立が IMO に持
ち込まれるのではないかと危惧したようで、そのうち「もういいよ。
お前んとこの条約だろ。」とやんわり距離をおかれるようになった。
「いやいや、でも、ほら、皆さんに理解いただくことが必要ですから。」
などと説得し、最後までなんとか付き合ってもらった。親分肌のいい
人で、基金をやめて日本に帰るというと「就職で必要だったら推薦状
書いてやるよ！」と言ってくれた。

● **長い清算プロセスの終了**　条約上は加盟国の裁判所の判決に従
って賠償金を支払うことが前提とされているのだが、これは加盟国の
裁判所が、きちんと条約を守ることを前提としている。また、各国の
解釈の裁量があるといっても、各国が同一のルールに従って拠出金を
支払って運営している以上、条約や基金の総会決議を無視して全く勝
手に自国政府に多額の賠償金を認めるようでは、各国政府や拠出金を
支払っている企業たちの理解は得られない。各国は条約から脱退する
ことが可能なので、国際システムを共通の目的のために持続可能なも
のにするためには、各国が自発的にシステムに加盟していることにメ
リットを感じなければならない。またテクニカルな面でも、条約がす
でに失効してしまっていて改正することもできないし、過去の加盟国
や拠出企業から拠出金を新たに徴収することも各国の国内法上現実的
な選択肢ではなかったので、基金に残っている資産の残額の範囲で対
応するしかなかった。困難だったのは、保険業界の懇請をうけて、ホ
スト国であるイギリスが反対に回ったことである。長い基金の歴史の
中で、日本とイギリスが意見を異にすることはほとんどなかった。幸
いだったのは、イギリスの裁判所からは、イギリス政府の立場とは関
係なく、基金勝訴の判決が得られた。イギリス政府のなかでも、担当

省庁である英国運輸省は反対だったが、外務省にあたる FCO は訴訟
で一緒に戦ってくれた。

　1971 年基金は、監査役として英国の会計監査院を指定していたが、
国際すず理事会の事案の際は英国政府自体が訴訟に巻き込まれ、監査
院もかなり苦労をしたらしく、無事最終の財務諸表が承認された後、
今回は Orderly な（秩序だった）清算過程を経て解散に至ったと喜ん
でいた。

● **基金の解散過程を振りかえって**　条約交渉などには携わってき
たが、国際法の専門家ではない著者にとって、基金での仕事、とりわ
けこの基金の解散は学びの多い印象に残る経験となった。今回の事案
を通しての気付きを以下に述べたい。

　1 点目は国際機関と締約国裁判所との関係についてである。

　基金条約においては、加盟国裁判所の最終判決に従い、基金は補償
金を支払うこととしているが、それは加盟国裁判所が条約の文言を正
確に理解し解釈することを前提としている。そのため、加盟国裁判所
が条約違反の判決を出し、基金の総会と立場が異なった場合の解決メ
カニズムは準備されていなかった。今回、このような困難な状況を解
決に導いたのは、国際機関にはその設立条約に明記されておらずと
も、その機能の遂行につき自律的に意思決定する権能を付与されてい
るとする原則であった。そして、その権能を行使して解散を決定する
に至った。国際機関の総会が何度も条約違反であると認定している事
案の処理に訴訟費用と時間をかけてまで対応することを大多数の加盟
国は選択しなかったのである。また仮に、英国の裁判所において訴訟
を継続した場合、国際機関と一加盟国と間の紛争解決を他の一加盟国
の国内裁判所が担う形となり、かつ、その結果は、保険会社による資

産凍結命令が一時的にせよ認められたように不確かなものであった。国際機関は、ホスト国による特権免除の付与によって自律的な意思決定が可能となる。国際機関を設立する際にどの国に本部を置くかという点について考慮すべき事項が多々あるというのが今回の気付きの1つである。

　2点目は国際機関の第三者に対する責任についてである。

　上述のように国際機関には、加盟国の政治的干渉を防ぎ、その機能を有効かつ効率的に果たすことができるよう特権免除が付与されるべきというのが国際法の原則である。一方で、基金のように、加盟国間の政治的な行為の調整ではなく、民間企業の活動の基盤となる機能を果たす国際機関も誕生している。基金を訴えた保険会社と基金は協力協定を締結してこれまで共同で業務を行ってきていたが、今回の事案で基金には特権免除が認められることが改めて明らかとなったことから、後日、保険会社の団体は基金に対し共同で賠償保障業務を行う際には特権免除を放棄することを求め、基金はこれに応じることを決定した。国際機関としての特権免除を維持するとの原則を堅持しつつも、国際機関としての目的を円滑に達成するうえで現実上の必要性に対応した妥協案となった。

　そして3点目は条約策定にあたっては、条約がどのように機能するか現実的な見通しを踏まえて策定することが重要だということである。国際条約案の策定過程においては、条約発効後の運用面についてある程度想定はして起草はするものの、いざ条約が発効し運用が開始されるとさまざまな課題が浮かび上がることがある。基金の場合、条約失効後の拠出金の徴収に係る規定があったが、実際には機能しなかった。国際条約の条文は往々にして各国の妥協の産物であり、起草段

階における条文は完璧なものではないかもしれない。しかし、条約発効後、国際機関は存在し、そのミッションを果たすために活動を続けなければならない。そのために必要なのは、締約国間の継続的な協力である。

　1971 基金の清算過程においては、立場の異なる元締約国間で激しい対立が生じたが、最終的には全会一致で解散の決議を採択するに至るなど、ある程度の合理性をもって解散の意思決定を行うことができた。著者は、これは、以下の 2 点によるものと考える。すなわち、1）解散する 1971 年基金のほかに運用中の 1992 体制や未発効の HNS 条約といった他の国際枠組みへの影響を考慮する必要があり、大規模石油汚濁事故の際の賠償保障枠組みとして円滑に機能してきた国際枠組みを維持発展させる必要があるという点で多くの国が認識を共有したこと、また、2）国際機関でありつつも、条約により提供される賠償保障枠組の受益者であり、かつ、拠出金の支払いといった条約上の義務の負担者が、海運、石油及び保険といった産業界であり、これら産業界によるビジネス的な合理思考が元締約国の立場に影響を及ぼしたこと、の 2 点である。さらに、重要なのは、解散に至る清算過程において、清算の加速化を決定して以降も数年にわたり、順次、係争案件について元締約国政府を含め丁寧に和解協議を進めていったこと、解散の投票手続きや解散後の残務処理の内容などについて、決議案の形で明確化したうえですべての元締約国に提示し、こうした意思決定手続き自体を全会一致の意思決定で確認していったこと、など、全ての元締約国を巻き込み丁寧な合意形成が図られたことである。訴訟の過程で浮かび上がった法律上の論点に加え、各段階で浮かび上がった法律上の論点については、専門分野の優れた有識者たちが

総会の場に出席して論点を整理して説明を行い、元締約国による審議と意思決定を側面支援した。各国代表にも優れた有識者が代表又は顧問として参加し議論をリードした。これらの要因があわさることにより、途上、元締約国間の対立があったものの、最終的には全会一致で国際機関である1971年基金の解散が実現した。

　以上のように、山あり谷ありの仕事だったのだが、この仕事の最大の功績は直接的には無事古い基金を清算したことだが、つまるところ、現存する新しい基金制度の崩壊を防いだということだと思っている。解散の議決をする総会で激しい議論が行われたように、基金という国際機関の総会が何度も条約違反だと認定しているにもかかわらず1つの加盟国による条約違反の判決に対してまで失効した条約に基づいて追加徴収をしてまで補償金を支払わなければならない、などといった事態に陥れば、基金制度への信頼は失われるし、訴訟を続けて基金が資金不足により破綻に陥っても同様である。基金制度の存在は、実質的に外航船舶に保険を付与するために責任制限制度を導入するための前提となっているので、外航船舶の運航全体に影響しかねない。

　このような数年にわたるプロセスを経て、無事清算手続きを完了し、私は帰国することとなった。

◆ 第 II 部 ◆
リーガル・アドバイザーという仕事

　　第II部では、仕事そのものというよりも国際機関のリーガル・ア
ドバイザーの仕事を通じて垣間見た英国の外務省や英米圏の弁護士
制度、条約を作る上での一般的な仕組みについて書いている。また、
多言語の職場で働くエピソードや英語圏で法律を学ぶ意義などに触
れている。詳しい制度の説明というよりも、エピソードを中心に書
いているので気楽に読んでほしい。

◆*6*　リーガル・アドバイザーという仕事 ━━━━━

● **BBC のドラマ**　あるとき、基金の仕事でお世話になっているサルーシ教授から、国際機関の法律顧問（リーガル・アドバイザー）のセミナーが開催されるので参加しないかとご案内をいただいた。英国の外務省にあたる FCO（Foreign and Commonwealth Office）がセミナーの事務局を担っており、開催場所は、日本の霞が関にあたるホワイトホール（White Hall）と呼ばれるエリアにある FCO の中の立派なホールだった。英語圏を中心に世界中から各国政府や国際機関の法律顧問、そして研究者たちが集まっていた。私は基金のリーガル・アドバイザーとして参加した。

　セミナーでは、国際機関の法律顧問にとって最も重要なことは何か、というテーマでディスカッションがなされた。国際機関がとる行動が、国際法上合法的であることを確保すること、というのは当然のことであるが、つまるところ「依頼人がやりたいことを合法的に実現させるのがリーガル・アドバイザーの仕事」というのが彼らの結論であった。

　パネリストたちがこの結論に至ったのには背景があるということを、私はセミナーの他の参加者から聞いた。イギリス人ならたいていの人が知っている話だそうだが、私はこのセミナーまで全く知らなかった。2003 年、イラク戦争開始時、英国政府は米国とともに参戦すべきか否か国内で大変な議論になっていた。論点のひとつが、それまでに国連安保理で採択されたイラクに関する決議（UNSC Resolution 1441）に加えて、個別の攻撃を容認するさらなる決議を得ることなし参戦することが国際法上合法かどうか、という点だった。当初、ロン

ドンの FCO の法律アドバイザーたちは第 2 の安保理決議が採択され
ることがより望ましいとの見解を首相府に伝えていた。米国内では、
参戦推進派の間ではすでに採択されている決議だけで十分との認識だ
ったようであるが、イギリス政府の意向を受けて米国の国務長官も第
2 の決議を得るべく国連で最大限の努力をするもののフランスの反対
などもあり失敗する。最終的には、英国政府は第 2 の決議を採択せず
とも過去の決議を合わせ読めば合法との後者の解釈を取り、イラク戦
争に参戦する。そして本部で反対していた次席リーガル・アドバイザ
ーは抗議の辞任をするのである。当時、国連代表部に赴任していた彼
らの同僚の FCO の法律アドバイザーは、すでに採択されているいく
つかの決議を合わせ読むことによって、国際法上合法的に参戦が可能
だとの見解を示していたという。この時の経緯は後に BBC のミニド
ラマにもなり、2009 年に独立調査委員会（通称「チルコット委員会」）が
設立されて、当時の関係者が長時間にわたる聴聞を受け、調査結果が
2016 年に公表された。同委員会の報告書を読むと、安保理決議の文言
をめぐって、英国政府の首相府、英国政府の最高法律顧問である
Attorney General、そして外務大臣や FCO のリーガル・アドバイザー
たちがいかに詳細な検討をしていたかが伝わってくる。Attorney
General や FCO のリーガルアドバイザーのトップは、2 通りの解釈
がありうるなかで第 2 の決議を要するとする案を法律上より望ましい
と考えていた様子だが、いずれの案も排除しない。そして、国連安保
理での審議の推移を経て、最後は第 2 の決議は不要との見解に至る。
FCO 内部での議論で、「国際法は国内法と違って、さっさと裁判所に
持っていって決着しよう、とはならない。だからこそ、慎重に合法性
を確保する必要があるのではないか。」とのやりとりがあり、法律家と

しての良心を感じさせる部分である。ブレア首相をはじめ多くの政治家や政府高官がヒアリングの対象になったが、そのなかに、上記の2人のFCOのリーガル・アドバイザーと彼らの上司であるトップのリーガル・アドバイザーも含まれていた。このエピソードが特に印象に残っているのは、著者自身、たまたまこれらのリーガル・アドバイザーたちに直接会ったことがあるからだ。当時アメリカにある国連代表部で参戦を可能とする見解を示したリーガル・アドバイザー Iain Macleod 氏は、著者が勤務していた当時FCOの法律部門のトップとなっており、仕事で何度か面談したことがあった。ちょっとこわもてで、英国政府の立場を端的に主張すると同時に、どこに着地点を見出すかの理解が早く、極めて実務的な人物との印象をもっていた。一方、本部で反対していた次席アドバイザー Elizabeth Wilmshurst 氏は、著名なシンクタンク Chatham House の国際法センターの所長として、世界中の紛争問題などに人道法的観点から取り組むプログラムの責任者となっていた。この件がBBCのドラマになったこともあり、彼女は信念を貫いてFCOを辞職した人物としてすっかり有名になっていたようだった。そして、当時のFCOのリーガル・アドバイザーのトップ（Sir Micheal Wood）は、後にFCOを定年退職し主に国際法案件を扱う Barrister となり、著者が働いていた当時、基金のAppeals Board（上訴委員会：国際機関で職員の労務問題等が発生した際に審議する機関）の委員を務めていた。セミナー終了後にこの背景譚を聞いて、当事者たちの顔も思い浮かべながら、セミナー登壇者らの結論が何を言わんとしていていたか、ようやく腑に落ちた気がしたのだった。

● FCOのリーガル・アドバイザー　イギリスの外務省であるFCO

には大変お世話になり、一度オフィスも案内してもらったことがある。FCO の法務部（Legal Directorate）には当時 4、50 人ほどの法律担当者がいた。オフィスは FCO の建物のなかの図書館のような空間の中に机を配置していて、専門書に囲まれて仕事をしていた。オフィスの入口のところに巨大な蛇のはく製が置いてあったのが印象に残っている。守護神として名物になっているのだそうだ。17 世紀に遡る条約や協定が保存されていることを誇らしげに説明していたように、英国政府は国際法を尊重する姿勢が明確であり、また、自国が国際法を通じた国際社会の発展に貢献しているとの自負があるように感じる。他の G7 諸国が国際司法裁判所の強制管轄権受諾を撤回した後も日本と同じく受諾し続けている。

　ちなみに、この時の FCO のカウンターパートは優秀な人で訴訟対応などで頼りになったのだが、優秀であるがために常に非常に忙しく、少し経つと当時イギリス政府にとって重要案件となっていたスコットランドの独立問題（devolution）を担当することになり、さらにはムスリム系テロリスト対策も担当することになった。彼らの多忙ぶりを見ていると、国際法上の問題といっても国によってさまざまだと感じた。法務部はトップのリーガル・アドバイザーの下に数人のベテランがいたが、その他の人たちは比較的年齢の若い人が多い。他省庁からの出向者もいるし、研究者を兼ねていてベテランになる前に大学など外部に職を求める人も多いようだ。業務量に比して人数が常に足りていない印象があったが、Brexit にあたってはさぞや大変だったのではないか、と想像する。

● **国際機関のリーガル・アドバイザー**　　法律に関わる仕事は、裁判官、弁護士、官僚など多岐にわたる。その中で、国際機関のリーガル・

アドバイザーの仕事の特徴を簡単にまとめると以下の通りではないか
と思う。まず、1）国家間の関係を規律する国際公法という分野の法
律問題を現実の事案に当てはめて検討することができること。このよ
うな仕事に携われる機会は極めて少ない。また、2）新たに国際枠組
みを作る際、交渉をするのは各国政府代表だが、実際には国際枠組み
を作り条約案を作成する能力を有する者というのは限られているし、
その運用になるとさらに限られる。各国の外務省や担当省庁の官僚、
政府顧問となる学識者を除けば国際機関事務局が条約案作成に果たす
役割は大きい。著者が基金に勤務していた際も、大規模災害への対応
という観点で、ICAO のいわゆる航空テロ基金条約の発効や輸送中の
核テロ防止枠組み検討に関して、国際油濁賠償制度の説明や制度運用
上のポイントなどの説明を求められることが何度かあった。類似の国
際枠組みが限られているため参考にしたいとのことだった。3）先に
も書いたが、条約を批准してもそれを国内で適正に運用できる国は限
られている。各国政府をアシストし、枠組みを機能させることに貢献
できることは法律に携わるうえで非常に rewarding な仕事である。
言葉の壁はあるが、日本人は勤勉なので慣れれば言葉の壁は比較的早
く超えられると思うし、几帳面で丁寧な人が多いので法律の仕事に向
いていると思う。是非、この分野で働く日本人が増えてほしいと思
う。

● **条約作成のプロセス**　国際条約は、複数の国家間の合意で成り立
つのが原則である。国連憲章のように、大規模な国際秩序の変更を踏
まえて基本条約の形で成立するものもあるが、様々な専門分野で無数
の国際条約が締結されている現時点では、国連の専門機関などで機関
のルールに従い加盟国が条約作成の提案を行い、各国間の調整を経て

草案が作られることが多い。多国間条約は、成立した段階でいったん策定過程に参加した国々が採択、署名するかたちで完成し、条約に規定された発効要件——通常、XX か国以上が批准した日から 100 日後に発効——などといった形をとる。「条約とソーセージの作成プロセスは見ないほうがいい。理由は Ugly だ（醜い）から。」というジョークがある。条約の策定プロセスは理想的な政策論から始まることが多いが、条約交渉の過程は各国国内の利害関係を反映してどろどろしている。交渉の結果、条約案に入らなかった意見は、「決議」の形で別途採択されることもある。それぞれの国の代表が、国内の利益を代表してきちんと「仕事をした」成果を自国に持ち帰る必要があるためだ。

　条約を改正するには、改正する内容の条約を別途作成する。「改正議定書」などの名称がとられることが多い。国内法では法律を改正するときは、「改正法」を国会に提出し、その成立・施行によって法律が改正されるのだが、条約の場合は改正版を批准した国だけが改正された後の条約に拘束される。すなわち、いったん成立した条約に基づく制度を改正することは至難の業となる。

　ところで、霞が関で法律改正の仕事をするときに出てくる言葉に「改める文」というものがある。読み方は「かいめるぶん」である。何のことかというと、法律を改正するときには「〇〇法第 2 条第 1 項のうち「XX」を削除し、△△を◎◎に改める。」といった書き方をする。これを「改める文」と呼び、改正法の本文がこれになる。参考資料として、改正前と改正後の条文全体の比較表（「新旧対照表」という。）をつけるが、あくまでも参考資料であって、正式な改正法は「改める文」である。実は、これは条約も同じ仕組みとなっている。「In Article 1 Section 1, delete 'XX' and replace '△△' with '◎◎'」といった書

き方をする。これが改正条約の本文となる。霞が関の各省の1年生は皆「改める文」を理解することから仕事が始まる。自分が法律改正を担当することになれば、これを書く必要があるのだが、かなり職人技を要することから、職員の負担軽減の観点から新旧対照表だけにしてはどうかといった議論が出たりしている。一方、日本語でこれに慣れていないと、英語で条約を書く際にはさらに苦労する。意外に知っている人は少ないと思うので、この機会にここで書かせていただく。

● **国際枠組みを作る──条約と議会**　一般的には、国際枠組みが成立し、かつ適切な参加国を得て実効力あるシステムとして機能するのは、各国が崇高な理想に同意した時ではなく、各国の利害が合致したときだけである。

　国際機関を中心とした多国間主義に関する文脈で、米国政府の振る舞いが自国中心主義で多国間主義への理解がない、といった批判が時に見られる。特徴的なのは、条約案作成などの準備段階では、理想主義を掲げてかなり積極的に国際システム作りに貢献するが、いざ、批准といった段になると、国内で議会を通らないため、自ら主導して作り上げた国際システムに参加はしない、というものである。

　巨大な大陸に住んで自国だけで完結する経済を持ち、圧倒的な軍事力を持つ国が、多国間システムに入る切実な理由はない。あまり期待しすぎないほうがよいし、ましては他国を感情的に非難しても何の意味もない。国際システムが成立し、かつ適切な数の参加国を得て実効力あるシステムとして機能するのは、各国が崇高な理想に同意した時ではなく、各国の利害が合致したときだけである。現在の国連システムができたのは、第2次世界大戦時に勝者となる連合国側が戦後のシステムについてそれぞれ自国の利害に基づき合意したからであり、そ

の後ブレトンウッズ体制が出来上がり今日までグローバルな金融経済システムとしてその機能を保持しているのは、当時、共産主義の広がりに対して資本主義体制を守るべく米国を中心とした資本主義国家の利害が一致し、現在もそれを守るべくシステムを使っているからである。

　国際システムを作り、その運用を行う側に立場をおくには、各国の利害を見極めて作り上げる狡猾さが求められるように思う。

　大国である米国が入るか否かは国際枠組みとして極めて影響が大きいが、米国とはそもそもそういう国だととらえて冷静に受け止めたほうが見通しを誤らないようにも思う。米国で Law School に行っていたときに印象に残った経験がある。ある授業でヨーロッパからの留学生が米国の法制度への批判を始めた。いわく、大陸ヨーロッパの彼の母国の制度の方がリベラルで進歩的だという内容だった。教授はいったん授業を中断し、学生たちに語りかけるように言った。「よく覚えておいたほうがいい。この国はとても自由で進歩的に見えるかもしれないけれども、同時に非常に保守的な国なんだ。ほんの数十年前まで、この国の最高裁は人種差別は合憲だと言ってきた」。この教授の普段の発言に鑑みるに、この発言は別に人種差別を是としているわけでは決してなく、それほど「進歩的」からは程遠いのが現状なんだと、教授と生徒というより、祖父が孫に語りかけるような、そんな雰囲気で語っていた。米国人の多くは、ニューヨークや西海岸は米国ではないという。自由で国際的な都市は米国のごく一部の姿でしかない。

　国際交渉に出てくる官僚たちと、国内政治で影響力のあるプレイヤーたちの行動のインセンティブが異なることはいずれの国でも同じだが、米国民はもともとあまり海外のことに関心がない人が多いことは

よく知られている事実である。民主主義社会で議会はこうした海外に関心のない大半の人たちの声を代表しているわけであり、巨大な大陸に住んで自国だけで完結する経済を持ち、圧倒的な軍事力を持つ国が、これまでは多国間システムに入る切実な理由はなかった。一方、安全保障分野など、自国の利益に直結すると理解した際には、国際枠組みを作り上げ、運用する能力は極めて優れている。もしこの大国に国際枠組みに入ってほしいなら、そのようなインセンティブ付を行うことが必要となるだろう。

◆ 7　Lingua Franca ──国際機関の言語問題

● **Official Language と Working Language**　国際機関では、公用語（official language）と使用言語（working language）と呼ばれる2種類の言語が存在する。公用語は、通常条約に定められており、条約の最後の方に「この条約の公用語は英語、フランス語、スペイン語とし、全て同等に正当である。」等の文言が入っている。機関の正式な会議の際には、すべての公用語で資料が準備され、通訳もつく。使用言語は、事務局職員が共通に使用する言語で、事務局規則などに規定されている。基金の場合は、公用語、使用言語ともに英語、フランス語、スペイン語となっていた。ちなみに国連やその専門機関は英語、フランス語、スペイン語、ロシア語、中国語、アラビア語の6か国語が公用語で、英語、フランス語が通常使用言語になっている。EUは加盟国の公用語すべてが公用語とされており計24言語となっている。使用言語はフランス語と英語となっていたが、実際には最近は共通言語として英語を使う場面が多いとのこと。広く国籍、民族を超えて共通

に使用される言語をリンガ・フランカ（Lingua Franca）と呼ぶそうだが現在では圧倒的に英語がその地位にある。かつて、外交や国際法の世界では、フランス語が主流であった。また、フランス語が苦手な私にはわからないが、文法的にもフランス語の方が英語よりも精緻なので、英語で意味がはっきりしない場合にはフランス語のテキストで確認することがある、とも聞く。しかし、現実問題として、現在では国際法の実務の世界は英語が主流のようにみえる。有識者は英語圏出身が多いし、フランス語を母国語とする人以外は皆英語で仕事をしていると聞いた。東京裁判の際、フランス出身の判事が多数派の英語圏の判事の議論に入れず疎外されていたという話がオランダ人判事の回顧録（'Tokyo tribunal and beyond' by Antonio Cassese（Polity））に出てくる。著者が働いた外航海運の世界は、特に英語中心だったのでそう思うのかもしれないが、フランス語圏同士とか、スペイン語圏同士のような場合でない限り、会議の合間の雑談や打ち合わせ、交渉は、たいてい英語で行われていた。こうした非公式の打ち合わせやレセプションではフランス人も英語で話している。余談だが、たまたま南米地域の会合で話をする機会があった際、ブラジル代表が冗談交じりに言っていた。著者が入ることで会議が英語になってうれしい、と。ブラジルはポルトガル語が公用語なのだが、他の南米諸国はスペイン語である。「南米地域の会合ではいつもスペイン語で話が進められて自分だけ不利だと思っていた。英語になればみんな平等だ。」

　Brexit の後も英語が公用語として残るのか、使用言語に格下げされるのか、という話題が一時イギリスのニュースで面白おかしく取り上げられた。英国は EU 創設時のメンバーではなかったため、EU 創設時の公用語はオランダ語、フランス語、ドイツ語、イタリア語の４つ

の言語から始まり、1973年に英国が加盟し英語も公用語となった。結論としては、Brexit後も英語を自国の公用語とするアイルランドとマルタが加盟国であるので、英語は引き続き公用語であり続けるとEUは発表した。ちなみにアイルランドもマルタも日常生活では英語を話す人が多いが、形式的にはアイルランドの第一公用語はアイルランド語（Irish）であるし、マルタはもともとイタリア語を公用語としていたところ英語とマルタ語を後に公用語に加えた経緯があるらしい。使用言語としては残るが公用語から消えるかもしれない、というのはあながち根も葉もない話ではなかったのかもしれない、と思う。

エピソード：Second Language Tube Map

　ロンドンは多民族都市である。ロンドンの地下鉄の駅をそのエリアで最も多く話される第2言語で示したSecond language tube mapという地図がある。これをみると、どの国・地域からの移民がどのエリアに集まって住んでいるかがよくわかる。フランス語、ベンガル語、中国語、トルコ語、アラビア語、ポーランド語、それぞれエリアが明確に分かれている。市内中央部の高級住宅街エリアはフランス語、市内東側のベンガル語エリアはバングラデシュ人が多い、西の郊外はポーランド語が出てくる、市内中心部の少し北のエリアにはアラビア語、といった風だ。第2言語として出てくるにはそれなりの人数が必要だから、日本語はなかなか見当たらないのだが、St John's Wood、Actonといった日本人駐在員がよく選ぶエリアが日本語地域として示されていてなるほどと思う。Actonには日本人学校があるから子供のいる駐在員だとActonを選ぶことが非常に多い。日本食料品店もあって、桜並木の下を日本人の子供が通学している風景はまるで日本のようだ。ロンドンでは、さまざまな階級、民族の人々が、それぞれ適度な距離を保ちながら共存している。それがイギリス、とりわけロンドンの姿だと印象に残った。

● **英語の語源**　英語とフランス語を少しでも勉強すると、英語の単語には2通りの種類があって、比較的長めのフランス語の単語と似た単語があることに気付く。例えば、「感謝する」には「thank」と「appreciate」の2つの単語があるが、後者の方がどちらかというと改まった場面で使う。これは、現代の英語は後者のようにラテン語から入ってきた単語と前者のようにヨーロッパ北部のチュートン語から入ってきた単語があるからだそうで、長らく知識階級の言葉はラテン語であったことからラテン語語源の単語の方がだいたい長めで改まった場面で使われるように定着しているらしい。英語の契約文書などでは、専門用語としてラテン語そのものを使っている部分もあるが、英語でも類似の意味を持つ単語を決まって2つ並べて記述することがある。慣習なのだろうがなぜなのだろうと思っていたところ、これはラテン語由来の単語とチュートン語由来の単語があって、微妙に意味する範囲が異なる場合があることから、法律上漏れがないように両方とも書くようになっているとのこと。理由を聞いて、もやもやしたものがすっと晴れたように感じた。

● **日本語で打つパソコン**　言語といえば、現在では手書きで書くことは少なくなっていて、ほとんどがパソコンで打っているが、ある日、中東の人たちがアラビア語でパソコンを打っているのを発見。ヨーロッパ人の同僚に、「アラビア語でPC打ってたよ。すごいよね。どうやって転換してるんだろう。」とやや興奮気味に話したところ、「以前から聞きたかったんだけど、日本人はどうやって日本語でパソコンを打っているの？」と予想外の反応が返ってきた。そのうえ「日本語は、漢字（Chinese character）のほかに日本オリジナルの文字（平仮名やカタカナのことらしい）がいくつかあるよね。PCのキーはアルファベット

なのにどうやって打つの？」とたたみかけてくる。アルファベットで音で単語を打った後、同じ読み方で漢字の選択肢がいくつか出てきて使いたい漢字を選ぶのだと説明すると、アラビア語は単にアルファベットなので、日本語のPCの方がずっとすごいという。言われてみると、使っているうちに頻度の高い漢字やかなの組み合わせが上位に出てくるPCの日本語変換はすでにAIの域に達しているように思う。さらに彼女が続ける。「カレンダーも私たちが使うグレゴリアン・カレンダー（太陽暦）と違うよね。エンペラーごとに変わるって聞いた。中東の太陰暦みたいなものなの？」確かに、天皇が変わるたびに元号が変わるし、当時は政府の公式文書は元号標記で統一されていた。何でも彼女は日本での賠償案件を扱ったことがあるとのことで、カレンダーの件を含めさまざまな「不思議なこと」に日本で出会ったらしい。機会があれば質問したかったが、適当な相手がいなかったそうだ。改まって考えることもなかったが、確かに君主が変わるごとに年の数え方が変わる国は他に聞いたことがない。「そういうものだと思っていたけど、たしかに他に聞かないね。」と答えると、「伝統だから大事なのはわかるけど、すごく不便だった」とのこと。今でも元号は維持されているが、現在では政府の公式文書も西暦で統一された。伝統を維持しつつ、グローバル社会に適合できたのではないかと思う。

◆8　国際法律事務所の世界

● **国際法律事務所の世界**　日本でも国際案件を扱ういわゆる渉外弁護士事務所が規模を拡大しているが、千人以上の弁護士を抱え、世界中に事務所ネットワークを要する国際法律事務所が米国や英国には

多数ある。自国の企業がグローバル展開しているのでその支援を行う
のと、植民地支配などを経てコモンウェルスをはじめとして英国の法
制度の影響を受けている国が中東やアフリカなどには多いので、そう
した国の政府や企業のクライアントももっている。国家間の国際裁判
を担当する有識者、大手法律事務所は現状では英語圏の法律家が極め
て多い。

　リーガル500といって法律事務所や個々の弁護士を紹介する電話帳
のような冊子がある。業界ごと、専門分野ごとにその分野に強い弁護
士や弁護士事務所の紹介、法律事務所や弁護士のランキングなどが掲
載されている。金融、メディア、など得意な業界も事務所によって異
なる。大きな法律事務所だと会社法、税法、雇用法などと専門分野が
分かれている。こうした分野のひとつに「国際法」も挙げられている。
国境を越えたビジネスで、投資資産を没収されたり、政府相手の契約
で不履行が発生して相手国政府を訴えることも多いからである。ま
た、近年では、グローバルなビジネスにおいて、国連制裁や米国等に
よる金融制裁などは常に留意が必要な分野になっている。頻繁にルー
ルが変更されたり、運用の詳細がわからない部分も多く企業からのニ
ーズが高いので弁護士事務所にとっては新たなビジネスチャンスであ
るとともに、難しい分野でもあると聞く。リーガル500には、弁護士
や事務所の紹介にあたって、顧客からのコメントも掲載されている。
顧客の評判が次の顧客につながるので、依頼案件が終了すると、推薦
のコメントを書いてくれないかと弁護士から依頼が来たりする。

　こうしたメガ国際法律事務所は、米国、欧州のみならず、中東やア
フリカなどを中心に世界中にネットワークを構築している。国際ビジ
ネスにおいては、契約書は英語で作成され、米国や英国の法令を適用

しこれらの国で紛争解決すると決めることが多い。外航海運の世界の契約では、いずれの国が関係する場合であっても、英国法を適用し紛争は英国の裁判所に付することとするのがスタンダードになっている。当然のことながら、いずれの国も等しく主権国家として独立した司法制度を有しているが、国際ビジネスの場において英米の法律事務所の存在感が大きいのが現実である。また、国家間の条約においても、特に経済分野の条約などにおいては、こうした英米の法律家たちが起草していることを理解しておいた方がよいように思う。

著者が基金で一緒に働いたのは、米国の国際法律事務所 Reed Smith の英国法人だった。英国にいる弁護士と主にやり取りをするのだが、他の国での訴訟を検討するときには、そのネットワークを使った。

● **Law School と Bar Exam ──アメリカン・ロイヤー**　米国では、歴代の大統領も弁護士出身が多いし、社会活動の様々な面で「Lawyer」の存在感が日本に比べて非常に大きい。よく日米の法律に対する考え方の違いの例として用いられる話が、同じ内容の契約を締結するのに、日本で契約書を書くと 2 ページで終わるが米国だと 100 ページになる、というものである。トラブルが起きてから「解決に向けてお互い相談しましょう」という発想で発展してきた日本社会と、トラブルの発生を想定してあらかじめ細かくルールを決めておき、いったんトラブルが起きたら徹底的に戦う米国のスタイルは発想が全く違う。

米国では各州ごとに最高裁判所を頂点とした司法制度があり、司法試験も各州ごとに実施され、弁護士は各州ごとに登録される。米国では 4 年生の大学で学士号をとった後にロースクール（Law School）に

３年間通い JD（Juris Doctor）という学位を取ることが司法試験を受けるための前提条件となっている。司法試験の合格率は高く、それなりに勉強すれば必ず合格する仕組みになっている。Bar Bri という有名な司法試験予備校があり、たいていの学生はこれに通う。米国の司法試験は科目が非常に多いのだが、この予備校ではコンパクトにまとまったテキストを出していて、これを勉強しておれば司法試験対策としてはほぼ足りる。また司法試験は選択式と論文形式からなるが、論文形式については限られた時間でわかりやすく論点をまとめて回答が書けるようメソッドが徹底されていて、ほぼ皆これにならう。まず、結論から書き、事件の概要をまとめ、論点を書き、最後に結論を再度書く、というスタイルとなっている。また、科目試験に加えて、弁護士倫理の試験も別途受験することが必要となっている。

試験合格後、制度的には日本の司法修習のような制度はなく試験に合格しさえすれば弁護士登録をして業務も開始できる。州ごとに登録が必要だが、各州ごとに他の州の資格を認めるといったこともなされており、NY 州で登録していれば XX 州でも仕事ができるがカリフォルニアでは別途試験を受けて登録が必要、などといった形になっている。

日本では法学部を出ても官庁や民間企業に就職する学生も多く、実際に司法試験に合格して法曹界で働く人間の数は全体の一部である。法曹制度改革の一環として法科大学院が設置され、法曹に従事する者を増やして弁護士間で競争する米国型のモデルを目指した時期もあったが、結局法曹人口はそれほど増えていない。

米国ではロースクールの卒業生はよほどのことがない限り、法曹資格を得て弁護士などとして働く。ランキングが好きな米国では毎年大

学のランキングが公表される。ランキング上位のロースクールからは
ビッグファームに多数はいることとなる。初任給のランキングも公表
されており、上位5位くらいに入るロースクールだと初任給でも20
万ドル（約2000万円強）前後となっていて、日本の新卒初任給とはか
なりの差がある。

　Lawyerは人気の職業だが、大学に4年間通った後、さらにロース
クールに3年通う必要があり、米国では評価が高く著名な学校は私立
が多いので学費が非常に高くなる。このため、たいていの学生は卒業
時には多額のローンを背負って卒業することとなる。ロースクールの
学費（Tuition）は著者が通っていた2000年頃は年間3万ドルくらいで
あったが、今では約7万ドルに高騰している。これに住居費・生活費
などが加わることになり、学生への負担は並々ならぬものがある。こ
うした高額の学費は、裕福な家庭の学生のみが高等教育を得られる結
果になるなどと教育の機会の付与という点で社会問題化している。

　著者は、ニューヨークにあるNYUという大学のロースクールに通
ったのだが、授業でもゼミでも、ニューヨークの学校であることも相
まって、みなかなり早いスピードで話す。おかげでTVのニュースが
ゆっくりに聞こえるくらいにリスニング能力は上がった。この学校は
著名な実務家教員を多く擁していることが特徴のひとつで、著者がと
ったゼミの先生はNYの大手法律事務所の弁護士で当時話題の通信
会社間のM&Aの案件を手掛けていているため、時々本業の仕事がは
いると休講になった。この先生の口癖は「訴訟にならないようにする
のが腕のいい弁護士」。訴訟になると時間も費用もかかる。訴訟にな
る前に、双方の要求をまとめて和解するのが腕のいい弁護士、とのこ
とだった。著者は行政官として何度か訴訟の準備書面を書いたことが

あるのだが、この点は行政機関と民間で基本的なスタンスが異なる。例えば日本の政府では、省庁が訴えられた場合、担当省庁の担当部署が準備書面の内容を準備し、訴訟代理人として法務省が取りまとめ訴訟に対応するのだが、民間企業間の訴訟のように外部の弁護士を雇うわけではなく通常の仕事の一環としてやっているのでコストはほぼゼロである。むしろ、省庁の政策の方針なり行政処分の是非が問われているので、よほどのことがない限り和解は選択肢に入って来ず、最高裁まで戦うことが多い。近年被害者の早期救済のために和解を選択する例も出てきているが構造的には和解によって早期に訴訟を終了させるインセンティブに乏しい。一方、民間企業の場合は、時間とコストを考慮に入れて和解によって早期収束を目指す、という考え方は至極常識的なことなのだろうが、当時の著者にとっては「なるほどそういう考え方もあるのか」と発見だった。また、「行政法」のゼミもとったが、こちらは先生は連邦高裁の判事の方だった。著者はそのゼミでは唯一の外国人学生だったのだが、ゼミのレポートのテーマについて相談した際、日本の公務員だというと、アメリカの行政法について書くよりも日米の公務員制度や行政過程について書いてみてはどうかと勧められた。ワシントン DC で米国の役所にも短期間いたことがあったので、その時の知識も含め日米の中央官庁の官僚制の比較のようなレポートを書いた。2000 年代前半の当時、米国の連邦政府ではすでに職員の平均年齢が 40 代後半になっていて、政策検証レポートなどのまとまった仕事は外部コンサルに外注するなどしていた。役所自体が知的生産物をつくりだすようになっておらず、制度疲労が始まっている気配があった。よくいわれるように米国の中央政府は政権が変わると各省庁の幹部も入れ替わる一方、省庁に所属する公務員は昇進に限界

があった。著者は米国運輸省の国際部門に派遣されたのだが、当時の担当課長の方は、当時米国政府にとって重要な課題であった北米自由貿易協定（NAFTA）の政治的な交渉に巻き込まれて大変な苦労をされたらしく、著者が帰国した後しばらくして後、DCの弁護士事務所に転職したと聞いた。一方、日本の霞が関は、当時は今ほど政治主導が進んでおらず、まだ全ての政策課題について各省庁が実質的に取り仕切っており、天下りも組織的に行われていて、各省がそれぞれ1つの方向に動き出すと止まらない自己完結的なマシーンのようだと書いた覚えがある。その後20年ほどたってみると、役所のありかたもずいぶん変わったように思う。このゼミの先生については、もう1つよく覚えていることがある。連邦裁判所にある先生のオフィスに学生たちが順番にレポートの相談に行くことになっており、著者もオフィスを訪問して先生を見つけあいさつしたところ、その人が「あなたが会いに来たのは私のbrotherですね。」といって、部屋の奥にいる本人のところに連れて行ってくれた。一卵性の双子らしく全く同じ顔をしていて区別がつかない。後日ゼミのクラスに行くと他の学生も全く同じ経験をしたらしく、皆で「全く同じ顔だった！」とその話題で持ちきりだった。

🔵 **抵触法の世界**　ところで、国際法には国際公法と国際私法という大きく分けて2つの分野がある。前者は国家間や国家と国際機関などの関係を規律し、後者は国境を越えた個人や法人間の関係を規律する。後者は複数の国（管轄権）の間の国内法が適用関係において抵触することを解決する法体系であることから、抵触法（Conflict of laws）と呼ばれる。

　日本では、北海道から沖縄の南端まで同一の法体系が適用されるの

であまりピンとこないが、米国のような連邦制の国では各州が主権を
持つため、国内法のなかで抵触法の問題が存在する。抵触法は、Bar
Exam の基礎科目にもなっていて、米国の Lawyer はこれを叩き込ま
れている。

　米国では各州に主権があり、日本でいうところの六法（憲法、民法、
刑法などの基本的な法律）が各州ごとに制定されており最高裁判所も州
ごとに存在する。個別事案が連邦最高裁を頂点に仰ぐ連邦裁判所が管
轄権をもつか否かについてもルールがあり、合衆国憲法に限定列挙さ
れている連邦法が適用される分野の事案か、事案が州際にわたる場合
に限定されている。例えば、カリフォルニア州の住民がニューヨーク
州に行ったときにレンタカーを運転していてフロリダ州から来た人を
はねてケガをさせた。さて、どこの州の法律を適用してどこの裁判所
で裁判を行うか、といったことを法律上常に整理しなければならな
い。米国内で管轄権を超えての法の適用というのが普通に起こってい
るので、法律の目的によっては国境を越えても適用されるべき、とい
った発想が出てきやすいのではないかと思う。そこで国際法における
法律の「衝突（Conflct）」の問題が起きるわけだが。

　国を超えた交流や活動が少なかった時代は、こうした抵触法の問題
が生じる余地はあまりなかったのだろうが、人の交流や経済活動が国
境を越えて頻繁に行われることとなった現代においては、具体事案へ
の対応として、自国法令の域外適用を拡大せざるを得ない状況は現実
的なものではないかと思う。一方、こうした自国法令の域外適用を行
う国が増え例外的なものではなくなってくると、まさに「衝突」の場
は増えることとなる。デジタル化が進み、オンラインでの経済活動が
著しく増大している昨今、抵触法の問題は我々日常生活上常に起こり

うる現実的な問題になりつつある。従って、国際協調の原則に従い現実的な運用が必要であるとの共通認識を醸成する必要があるのではないかと思う。

エピソード：LexisNexis と Butterworth

　米国のロースクールに留学すると、2つのことがまず必要になる。前記の連邦制の概要や合衆国憲法をまず学ぶことと、判例検索のデータベースの使い方を覚えることである。

　判例検索データベースには、Westlaw と LexisNexis という2大グループがあり、アカウントを与えられ、論文や判例の検索をする講習を受ける。正直に言ってうまく使いこなせるようになったとは全く思えなかったが、日本の大学でゼミのレポートを書くために図書館で 10cm くらいの厚さの判例集を探し出して読んでいたことと比較して、なんでもデータベース化する合理的な風土に妙に感銘を覚えた。卒業後、LexisNexis に触れる機会は全くなかったのだが、基金で働くことになったときに再会することとなった。ところでイギリスに Butterworth（バターワース）という法律専門出版社があった。子供の頃、海外から日本の大学に留学していた父の知人が帰国するにあたって、彼が持っていた大量の英語の百科事典集を譲ってくださった。と同時に郵便物の転送先を我が家にしたので、我が家にはその人あての Butterworth 社からの英語の法律出版物のカタログがしばらくの間届いていた。当時は自分が英語で法律の仕事をするとは夢にも思わなかったのだが、海外から届く不思議な出版物になぜかワクワクしてカタログを取っておいた。Butterworth の名前など、すっかり忘れていたのだが、後に LexisNexis と Butterworth は同じグループ会社の一部となり法律関係の情報提供会社として英米両国でサービスを展開していた。イギリスで基金で働き始めたころ、この LexisNexis-Butterworth から、出版物やセミナーの案内が盛んに送られてきたのだが、初めて LexisNexis-Butterworth の名前を見たとき、子供の頃に感じた遠い外国の知らない世界から届いていたカタログの思い出と LexisNexis を使って苦労していた時の思い出が時間を超えてつながって、不思議な偶然を感じ

た。

● **合衆国憲法と独立宣言**　既述のように米国は連邦制で、各州ごと
に司法制度が完結していて、州際にまたがる事案や合衆国憲法で連邦
政府に管轄があると定められたものだけが、連邦裁判所が管轄権を有
するかたちになっている。こうした、法制度の成り立ちに加えて、独
立宣言や合衆国憲法の条文を学ぶ。

　ところで、日本人にとっては、米国の憲法や独立宣言を読むと、日
本の憲法の前文や基本的人権などの部分の文言と似ていることに気付
く。憲法の前文は日本語そのもので読むよりも英語で読んだ方がしっ
くりくるし、その内容は、米国の独立宣言に非常によく似ている。米
国の独立宣言に高らかに歌われている自由民権思想は、数年前に起こ
ったフランス革命で打ち立てられた理念「自由、平等、博愛」にさか
のぼる格調高い文章である。一方、米国の合衆国憲法は連邦政府の権
限をかなり制約的に記述するなど、日本の憲法からイメージするもの
とは少し違ったものである。18 世紀に米国が英国の植民地からの独
立する過程において、当時ヨーロッパ大陸で広がっていた自由民権主
義の思想をそのまま反映したのが「独立宣言」であって、「合衆国憲
法」は、その後各州が主権を持つ集合体としての「アメリカ合衆国」
を成立させるにあたって、各州の主権に配慮しつつ現実的なバランス
に配慮した保守的な文言と構成になっているからではないかと思う
が、可能な限り連邦政府の権限を制限しようとする意図が感じられる
文書になっている。それぞれの国の憲法はそれぞれの国の歴史の反映
である。少し時間軸を長くとって歴史文書としてみてみると、ヨーロ
ッパで生まれた自由民権主義や法の支配といった社会理念がアメリカ

を経てアジアにたどり着いた歴史の証のようにも見える。現在の日本の憲法は、こうした歴史的に人類普遍の原理として発展してきた部分と、国連憲章に敵国条項を設けられるような第2次世界大戦後の特殊な安全保障環境を背景に起草された部分から構成されている。戦争の放棄の部分は第1次世界大戦後の悲惨な経験をもとに成立した不戦条約（ケロッグ・ブリアン協定）に似ていると言われている。あらゆる法規範は策定された当時の時代背景を前提にしており、その制約も受ける。発展・拡大して次世代に引き継ぐべき部分と、時代の要請に合わせて見直すべき部分とを峻別して規範を発展させるのはそれを受け継いだ世代の役目である。

　アメリカのロースクールに行ったことや弁護士試験を受けたことは、後に国際機関で働くうえで土台をつくることになり非常によかったと思っている。英語で論理的な文章を書く訓練になるし、リスニングでは、ほぼネイティブスピーカーばかりのロースクールのゼミや授業に比べれば、国際会議や国際機関の英語はノンネイティブが多い分ずっと楽である。また、弁護士試験を受けると、英語での法律上のコンセプトや抵触法が整理されてある程度身につくように思う。日本で学生時代に国際私法を学べば、同じような思考法は身についたのかもしれないが、自分は勉強しなかったのでなおさらそのように思った。

● **Barrister と Solicitor ──イギリスの法曹資格**　次に英国の法曹制度についてである。英国は、England, Wales, Scotland, Northern Ireland と、もともと4つの国から成る連合国であり、司法権も分かれている。このうち England と Wales はひとつになっていて、3つの区域に分かれている。昔の日本の司法試験制度に近く、どのような学歴、職業でも Bar の試験に合格すればよいことになっている。

　一方、英国ではSolicitor（事務弁護士）とBarrister（法廷弁護士）という2種類の弁護士が存在する。前者が日本の弁護士イメージに近く、訴訟等に関わる場合は前者にまず連絡をとり相談をするが、法廷に立って実際に裁判を扱うのはBarristerに限られている。近年の司法改革ではSolicitor単独で裁判を取り扱える範囲を増やしているそうだ。Barristerは個人経営だがChambersという合同事務所に所属していることが多い。ロンドンの高等裁判所の前には、Lincoln Inn, Temples InnなどそうしたChambersが集まったエリアがあり、厳かな雰囲気を醸し出している。BarristerとSolicitorとどう違うのか？と英国の弁護士たちに聞くと、Solicitorは基本的に弁護士事務所に勤めるので収入が安定している一方、Barristerは個人事業主のようなもので、うまくいけば収入は破格に高いが、法廷での訴訟能力に加えて、優良顧客を引き付ける能力や弁護士事務所とうまく働く個人としての能力も求められ、よりChallengingとのことだった。

　英国の裁判制度については驚くことが多かったが、その最たるものがBarristerが法廷でいまだに白いかつらをかぶって裁判をしていることである。（当時はやっていたSilkというTVドラマある。女性Barristerが主人公なのだが、ドラマのなかで彼女も白いかつらをかぶっていた。どんなカツラなのか見てみたい方はこのドラマを見てみてほしい。）ちなみに、弁護士のなかでも特に識見が高いと認められた人たちに与えられるQueen's Council（勅撰弁護人）という称号がある。弁護士の中でもQC（「キューシー」と英語で呼ぶ。）に選ばれることはかなり名誉なことらしく、依頼報酬も跳ね上がる。また、植民地時代の名残りで、英連邦（Commonwealth）の国々ではいまだに最高裁の機能が英国議会に残っている場合がある。トリニダード・トバゴで訴訟をした際、控訴審

Westminster（英国国会議事堂）

までは同国内の裁判所だったが、最高裁の機能は英国貴族院（House of Lords）の枢密院（Privy Council）が果たすこととなっており驚いた。英国では長らく貴族院の枢密院が最高裁機能を果たしていて、独立した最高裁判所が設立されたのは1990年代とのこと。英国の昔の最高裁判決（貴族院での判決）を読むと、日本や米国の判決と様式がかなり異なっていた。裁判長は同輩である貴族たち（Peer）の中の筆頭ではあるのがそのうちの1人という位置づけになっていて、各裁判官がお互いに「my peer lord」と呼び掛けてからそれぞれ自分の意見を述べ、最後に裁判長が、各裁判官の意見の要約を述べて、皆の同意としてこういうことでよいか。と問いかけて、それに皆が同意することにより判決となる。あらかじめ裁判官チームで議論され首尾一貫した法律論でまとめられた日本や米国の判決文とは異なる体裁となっていた。

　イギリスに住む前は英国は「民主主義の模範」のようなイメージを持っていたが、実際に住んでみると貴族支配の影響がいまだに色濃く残っているように感じる。貴族院は今でも大半は世襲制で終身が原則で、トニー・ブレア首相の民主党政権の時にようやく貴族院に非貴族の議員が認められたという。

　また、イギリスと言えば「法の支配」が生まれた国である。「法の支配（Rule of Law）」のもとになったとされるマグナ・カルタ（大憲章）は、1215年、フランスとの戦争のために貴族に軍役を課そうとしたジ

ョン王に対して貴族が反乱を起こし、王の権限に制約を付したもの。王による一方的な義務の負荷を認めず、国法か裁判によらなければ生命や財産を没収されないという権利を認めさせたものとされている。マグナ・カルタの原本はいまも大英図書館などに残されているが、書かれている内容はその当時の時代背景のもとに貴族たちが王に認めさせたもので、現在では必ずしも意味がわからない部分もあるという。「法の支配」が生まれた英国には現在も成文憲法がない。コモンロー制度のもと、刑法も体系だった制定法がないという。過去の判例を積み重ね補助的に成文法を制定してきている。著者は比較法や法律の歴史について詳しいわけではないが、大陸法系の日本や、連邦制の複雑さがあるとはいえ明確なアメリカ法とは全く違う世界があるように感じた。

エピソード：女性の社会進出と出産・子育ての両立

　米国でも英国でも、子供を育てながらフルタイムで働くのは大変である。基金で働いていた時、女性弁護士の会合に参加する機会があったのだが、会合に来ていた米国人、英国人とも、女性弁護士は独身の人か結婚しても子供がいない人が多かったし、子供を持つと仕事の分野を相対的に負担の軽い分野に変更して両立を図っていた。訴訟（Litigation）や会社法（Corporate law）の分野は非常に demanding で女性が少ない分野とのことだった。移民や相続・信託の分野は上記の分野程には負担が重くなく女性弁護士が比較的多いのが実態だそうだ。まれに子供もいてハードな仕事をしている人は裕福な家族に恵まれてほとんど家事負担のない人であったりする。仲は良いが関係はドライに見える英米の家庭では、親子といっても独立した家庭なので、おばあちゃんが孫の面倒を見ているという話もあまり聞かない。世代が変わってくるにつれてこうした分野の偏りは解消していくのだと思うが、いずれにせよ家庭での負担とプロフェッショナルな仕事との両

立は日本に比べて家事負担が少なそうな英米でも大変で、費用を払って家事サービスを外注するしかない。

　そもそも1日24時間しかないのだから両立するといっても、効率化にも限界がある。日本では少子化が猛スピードで進んでいるが、フルタイムで子育てと両立して働く女性は疲弊しているし、仕事の負担を軽減して家庭と両立させて働く女性は低賃金に抑えられているのが実態だ。人口水準を維持できる合計特殊出産率が2.07だという。日本だけでなくG7でこの数字を達成している国はない。子供を2人から3人産み育てながら社会参加する女性がマジョリティにならないと数字は逆転しない。政府では女性の社会進出と出産・子育ての両立を目標としているが、充実した家事サービスや安心して子供の面倒を見てもらえるサービスを抜本的に充実させないと、実現はかなり難しいのではないかと思う。例えば、現在無償労働として提供されている家事全般を「有償の仕事」としてほとんど外注するくらいでないと世の少子化は止まらないのではないか。「人の家の家事をする仕事」や「人の子供を育てる仕事」を産業としてもっと充実させるのである。給与水準も上げてフルタイムで働いてもらう。充実した施設も作る。そこで働く人にとっては、自分の子供もそこで育てられれば安心して働けるし、他の場所で働く人にとっては時間を気にすることなく仕事に打ち込める。働き方改革によって個々人が家庭で過ごす時間を増やすことは重要だが、その貴重な時間を急き立てられるように料理や洗濯や雑事に使うのではなく、子供と会話したり一緒に何かをする時間に使った方が親子ともに充実した時間を送ることができるように思うし、子供が成人した時に思い出すのはそうした時間ではないかと思う。

◆ 第 **III** 部 ◆
外航海運の世界と国際法

　条約というのは長い交渉期間を経て合意に至っても発効していないものも実は多い。また、幸いにして発効しても履行が疎かになる可能性も常にある。理由は、1）締約国が多くなればなるほど、批准書を寄託するが、履行能力に乏しい締約国が増えること、そしてより影響が大きいのは2）大きな条約であるほど妥協の産物である結果として、履行の点において各国の裁量が大きいメカニズムになる傾向があることである。したがって、何らかの理由で国際枠組みを作る提案をするのであれば、こうした観点を考慮に入れて実務の観点から実効性ある仕組みを作ることが必要となる。

　また、国際法には法規範としてのいくつかの制約、すなわち、1）条約に加盟するなど自ら拘束される意思を持つものに対してしか法的拘束力を及ぼすことができないという限界があること、2）一般的には、条約案が採択されてから、各国による批准、条約の発効といった手順が必要なために数年以上を要すること、3）国内法のような履行確保のメカニズムがないことなどがある。第III部では、実務の観点からこうした制約に対して関係国がどのように対応してきているかを見ていくこととしたい。

◆*9*　国連海洋法条約(UNCLOS)と国際海事機関(IMO)

● **国連海洋法条約（UNCLOS）──海の上の地図**　これから紹介する事例は海洋法に関連するものが多いため、まず、海洋法の基本的な部分を紹介したい。

　国際法上の原則は、国の領土上にはその国の主権が及ぶこととされている。主権とは国家が独立して統治機能を行使することができる基本的な権利のことである。そしてどの国の法律が適用され、どの国の裁判所で裁かれるのかといった国家の国際法上の権能のことを「国家管轄権」と呼び、立法管轄権、司法管轄権、執行管轄権からなる。自国の領域（領海、領空を含む。）上には「領域主権」があり、国家はこれらすべての管轄権を行使することができることとされている。

　一方、人が居住しない海の上については、異なる法体系が別途発展し適用されてきた。国際法は、条約において明記された条文からなる部分と、国家実行といって明文化されていない各国の行動が一般化、普遍化して国際法として定着したとみなされる部分からなり、後者は慣習国際法と呼ばれる。海洋に適用される国際法については、こうした国家実行が慣習国際法化した部分と、交渉の過程で新たな国際枠組みとして合意が得られた部分とが組み合わさるかたちで、長い期間交渉が続けられた結果、1982 年、第三次国連海洋法会議において、国連海洋法条約（The United Nations Convention on the Law of the Sea (UNCLOS)）が採択された。同条約は「海の憲法」とも呼ばれ，全 17部 320 条という膨大な本文と 9 つの附属書から構成されている。1994年 11 月に発効し、現在、167 の国と EU が締結している（2021 年 4 月時点）。

このように非常に長大な条約で、内容も複雑だが、本著で取り上げる事例との関係では以下の点が重要である。

1）陸上と異なり、海上の領域の中で、内水、領海、排他的経済水域、公海、国際海峡、群島水域といった海域が定義されていて、それぞれに異なる締約国の権利義務が規定されていること。ちなみに「内水」とは領土上に存在する湖など、「領海（Territorial Waters）」は領土上の計測基点から12海里までの海域、そして「排他的経済水域（Exclusive Economic Zone（EEZ））」は基点から200海里までの距離で沿岸国が定めることができる海域、「公海（The High Seas）」とはいずれにも属さない海域となっている。

2）各国が行使できる管轄権が海域によって異なる。具体的には、内水及び領海上においては海域に接する沿岸国は主権を行使し、上記の3つの管轄権を行使することができる。一方、排他的経済水域については、天然資源の探査・開発等、人工島等の設置、海洋の科学的調査，海洋環境の保護及び保全等限定された分野に関する管轄権を有することとされている。

3）いかなる国の領海や排他的経済水域にも属さない海域は「公海」と呼ばれる。公海はいずれの国にも属さないため、公海を航行中の船舶についてはその船舶が登録している国（「旗国（Flag State）」と呼ばれる。）のみが管轄権を行使することができる、というのが原則になっている。これを「旗国主義」という。ただ、例外として私的目的での他の船舶に対する略奪行為などは「海賊行為」として、いかなる国も管轄権を行使できる「普遍的管轄権」が認められると解されている。また、排他的経済水域は従来は公海であった海域に沿岸国の管轄権が認められたものであることから、2で述べたような特定の事項以外に

ついては，公海としての性格が維持されている。つまり，沿岸国以外の国であっても、沿岸国の権利義務を害しない限り，他国の排他的経済水域内において航行，上空飛行，海底電線・海底パイプライン敷設等の公海の自由を引き続き有する。

4）船舶は国家間を移動するためこうした地理的なエリアごとにいずれの国の管轄権が及ぶのかについて特別なルールがある。海洋法では、「旗国」、「沿岸国」、「寄港国」といった概念が出てくる。順に、個別の船舶が登録する国、船舶が航行する際に沿岸にある国、船舶が入港する国のことである。国連海洋法条約では、各海域で航行する船舶に対してどの国がどのような管轄権を行使することができるのか、詳細な規定を置いている。

5）さらに，国連海洋法条約は、強制管轄手続きを原則とする詳細な紛争解決条項を有するとともに，国際海洋法裁判所（ITLOS: International Tribunal for the Law of the Sea）の設置など、同条約に関する紛争解決のメカニズムについて規定している。ITLOS では、外務省出身の柳井俊二氏が 2005 年から裁判官をつとめており、このうち 2011 年から 3 年間は裁判長も勤められた。

外航海運が国際貿易を支え世界経済の発展を支えてきた歴史から、海洋法上航海自由の原則が長らく採用されてきた。日本も、エネルギー資源の輸入や国際貿易の振興上、自国の商船隊の自由な活動を確保するため、航海における自由を確保する方針を長らくとってきた。上記に加えて、海洋法における１つの特徴が「無害通航権」である。領海を外国船舶が通航する場合、当該通航が沿岸国の平和・秩序・安全を害しない限り、その領海で無害通航権を保障される。かわって沿岸国では、無害通航権の保障で必要な範囲において、国際ルールを超え

る規則の制定や執行・司法管轄権の行使に制約が生じる。（なお、この無害通航権は、上空を通過する航空機には認められていない。）一方、近年では海洋汚染問題や海底資源の活用などの観点から、船舶サイドの利益のみならず、海洋の沿岸国の利益も重視されるようになってきた。その結果として、国連海洋法条約においては、領海を越える広大な海域である排他的経済水域において、沿岸国は海底資源に係る権利を行使することができるとともに環境保護等一定の目的のために管轄権を行使することが認められるに至ったものである。

　ちなみに、この条約に直接関係する国際機関の人たちにお会いした時に、条文を全部頭に入れているんですか？と聞いたことがある。謙遜もあったのかもしれないが、皆揃って「まさか！」と笑っていた。おおよそは頭に入っているのだが、具体の仕事に必要な範囲で関係する部分を深く勉強するとのことだった。

● 旗国主義の原則と便宜置籍　国家間を移動する船舶や航空機はいずれかの国家に登録されていなければならないこととされている。これを旗国（きこく）という。歴史的に、船舶はいずれの国の船であるかを他の船に知らせるために、登録した国の国旗を掲げて航海してきたことによる。そして、海洋法の原則は、船舶は旗国の管轄権に服し、その国の法令に基づき規制されることとなっている。歴史的にはもともと、各国の船舶は自国に登録し、自国籍の船員を乗せて運航していた。日本の外航海運会社が運航する船舶は日本に登録され、日本人船員が乗船し運航されていた。しかし国際的な競争のなかで人件費や税制などで先進国がコスト競争上不利になる場面がでてきたため、船会社は「便宜置籍国」と呼ばれる国々に登録を移し、外国人船員を乗せるようになった。現在、世界の外航海運で運航されている船舶の多く

はこうした便宜置籍船になっている。主な便宜置籍国はパナマ、リベリア、マーシャル諸島など、船員はフィリピン人やインド人、東欧のルーマニア人などである。船会社はコスト削減のために最小限にまで乗組員数を減らすため、船長だけが日本人であとの20人程度はすべてフィリピン人、などといった形で運航されることが多くなった。最近では、有事の際に日本政府の命令に服する船舶が必要との安全保障上の理由や災害時の船舶調達の必要性から税制措置等を講じることによってコスト競争面での不利を補い日本籍船を増やす政策がとられている。

● **外航海運と国際海事機関(IMO)**　　国連海洋法条約が基本的包括的な条約として機能する一方、外航海運の活動に対しては別途技術的、専門的なルールが多数策定されており、運用されている。国連の専門機関には国際交通に関する機関が2つある。海運に関する機関である国際海事機関（International Maritime Organization（IMO））と航空に関する機関の国際民間航空機関（International Civil Aviation Organization（ICAO））である。IMOでは国土交通省出身の関水康司氏が2012年から4年間事務局長を務めた。外航海運も国際航空も船舶や航空機が国境を越えて活動することから国際的に共通なルールを策定する必要性があり、多数の国際条約が制定されてきている。IMOは英国のロンドンに本部をおいており、ICAOはカナダのモントリオールに本部がある。

　いち早く航海技術を発展させた大英帝国が長らく外航海運の発展の中心にあったことから、IMOや国際油濁補償基金（IOPCF）などの外航海運関係の国際機関、海事保険会社、海事法を専門とする法律事務所（現在では多くが大手国際法律事務所に買収されてその一部になってい

る）は今もロンドンに集中してい
る。IMO では船舶の安全基準や
航行の安全規則、海洋環境保護に
係る規制、海賊問題など海上での
犯罪に係る問題に加え外航海運に
係る経済的問題として事故時の賠
償や保険制度などに関するルール
作りが行われる。2001 年の 9.11
後は、セキュリティに関するルー
ルも導入された。IMO では、主
たる課題に対応するかたちで委員
会が設置されている。航行の安全

国際海事機関（IMO）のビル

に関する問題は、海上安全委員会で、海洋環境の保護については海洋
環境委員会で、賠償と保険等に関する事項については法律委員会で専
門的な議論が行われ、機関全体の意思決定は総会もしくは理事会で行
われる。

　便宜置籍船の増大は、船舶の安全確保や環境保護について必ずしも
積極的に関与しない旗国を生じさせた。便宜置籍国は、船舶の登録料
などを通じて経済的利益を得るが、船舶の安全規制や環境規制、また
船員の能力の向上自体には無関心な国が増大したのである。しかし、
船舶が事故を起こしたり、運航や事故に伴って環境破壊を行われると
被害を被るのは沿岸国や船舶が入港する寄港国である。このため、こ
れを補うために発達したのが、寄港国による検査である。国境を越え
て移動する船舶は、他国の港に入港する。入港すれば寄港国の管轄権
に服することとなるので、寄港国が自国の規制水準に満たない船舶の

航行を停止したり、入港を禁止したりすることによって、自国籍以外の国の船舶についても、国際水準への適応を求めることができる。

このため、近年では寄港国や沿岸国に監督の権限を持たせるよう関連する条約の改正が累次にわたり行われてきた。寄港国検査では、ポート・ステート・コントロール（PSC）といって、入港中の外国船舶に対して各国政府が検査を行い、条約違反があれば改善を求め、必要があれば出航を認めず、船を留め置くこととなる。当初は、船舶の構造の安全検査に始まり、後に環境保護のための装置や事故の際の安全装置の確認、船員の資格などの検査も行われている。

他の国際機関と比べて IMO の特徴はパナマやリベリア、マーシャル諸島などのいわゆる便宜置籍国の存在感が大きいことだろう。IMO の拠出金は各国の登録船舶のトン数に応じて賦課されるため、最大の拠出金支払い国はパナマとなっている。IMO での審議は技術上・法律上の実務的な内容が多いため、会議に出席する各国代表は海運当局やコーストガード関係者が多い。便宜置籍国の代表は英国や米国の海運当局 OB であることも多い。リベリアやマーシャル諸島の代表が英国の海運当局の OB だったり、米国のコーストガードの OB だったりするのである。例えば、拠出金金額上位 20 か国のうち、そのうち各国代表として発言している人たちとして実際にはイギリス人が 5 人くらいいたりする。

● **外航海運マフィアの世界**　こうした国際機関などでは、長い間の経験から過去の経緯も知っていて、方向性を決めるのに影響力のある通称「マフィア」と呼ばれるひとたちがいる。

専門的な分野なので、加盟国政府当局は長い間担当している人たちも多く、お互いに顔見知りである。国際会議の期間だけでなく、常時

当局同士で情報交換をしており、会議の際も事前に方針のすりあわせをする。また、国連及び国連専門機関など国際機関の会合には、加盟国政府だけでなく、オブザーバーとして他の国際機関や民間国際団体も出席している。IMO の場合だと、国連（UN）、国際労働機関（ILO）、国連環境計画（UNEP）などの国際機関に加えて、国際海事衛星機関（IMSO）、国際油濁補償基金（IOPCF）のように IMO で採択された条約に基づき設立された国際機関、海運業界の国際団体、保険や石油業界など関連業界の国際団体も参加している。IMO での規制の動向はビジネス上のコストに直結するため、各業界団体は常にその動向をフォローしている。

　明治期の国際関係と現在の国際関係の大きな違いは、各国政府の当局間同士の直接のコミュニケーションが極めて容易になったことではないかと思う。明治期の政府間のコミュニケーションは、おそらく公電を通して、赴任地の大使館から相手国政府へ文書を手渡してもらうことによって成立していたと推測する。現在でも、公式な外交文書等は同じ形式をとることが必要だが、よほど高度に政治的な案件でもなければ、各省が所管しているテクニカルな内容は、各省の当局間で電話とメールでのやり取りで可能だ。各国のポジショニングの打ち合わせやその他情報交換は、国際電話やメールの発達で遥かに容易になっている。同じ言語圏の国同士なら、日本国内で異なる地方自治体同士で連絡しあうのと同じくらい容易にコミュニケーションが取れるので、頻繁にやり取りをしているようだ。

　ところで、外航海運の世界では、日本の存在感は大きい。島国であるから資源の輸入や貿易で大規模な商船隊を抱えているからであるが、それだけでなく、歴史的に、国際機関でのルール制定に多大な貢

献をされた日本人が二人いた。お1人は海事法の権威、元成蹊大学名
誉教授だった谷川久氏、もうお1人は造船分野の専門家で IMO の事
務局次長まで勤められた篠村義夫氏である。いずれも故人だが、1970
年代に IMO で多数の条約が策定された際に議論をリードして多大な
貢献をされた。その後も長らくアドバイザーとして日本代表団の一員
として会議に出席し（篠村氏は IMO 引退後）、その知識と経験に基づく
発言で前者は賠償問題など法律分野で、後者は安全規制や環境規制な
ど技術的な分野で議論をリードした。著者が国際機関で働いてみたい
と思ったのは、彼らの影響が大きい。著者が IMO の会議に出席しは
じめた頃、米国や英国の代表団がわざわざ篠村氏に自己紹介に挨拶に
来ていたのを覚えている。全ての条約が頭に入っていて、議論が紛糾
した際にプラクティカルな解決法を提案できる能力がずば抜けていた
ので、各国代表からの尊敬と信頼が厚かった。失礼ながら、お2人と
も英語圏の人たちからすると発音は聞き取りづらかったらしい。だ
が、発言の質がいつも高いので、聞き取りづらいことも相まって、彼
らが発言するときには、他国の代表団は発言を聞き逃すまいと耳をそ
ばだてるため会場が水を打ったようにシーンとなる。「何を言ってる
かわからない」などと言おうものなら、それは理解力の不足を白状し
ているようなもので、その様なことは決して言えない。古参の政府代
表たちや事務局職員たちもそう言っていた。普段は我々若手があらか
じめ決めた方針どおりに発言するのを横で聞いておられるだけなのだ
が、日本の案件かどうかに関らずいざ議論が紛糾すると、一言発言し
て場をおさめる。基金のある事務局職員によると、自分には何を言っ
てるか聞き取れなかったけれども、事務局長や古参の優秀な法律専門
家は、谷川氏が発言していると、'indeed, indeed（「確かに」、「そのとお

り」)'といつもうなずいていたらしい。真の専門家同士は理解しあっているのである。これら国際機関では今も日本政府代表団の存在感は極めて大きい。条約や決議の起草などにはたいていかなり貢献しているし、IMOではドラフティング・コミッティーの議長を日本人が務めていたりする。ちなみに日本は基金では最大拠出国であったが、登録船舶の規模で拠出金額が決まるIMOでは日本の拠出金額の影響はそれほどでもない。従って日本の存在感は長年にわたり国際機関で議論されている内容を的確にフォローし建設的な貢献を行ってきた結果である。この「国際機関で議論されている内容を的確にフォローする」という点は非常に大事である。各国の関心事項はそれぞれの国内事情によってさまざまだが、マジョリティの賛同を得ないと国際ルール化することはできないので、自国の関心事項（アジェンダ）を「共通の関心事項（アジェンダ）」に普遍化する必要がある。そのためには、全体の議論の流れを把握し、主要国の関心事項と方向性をあわせるか相手国の関心事項とバーター取引をするかして賛同者を増やす必要がある。拠出金の多寡が国際機関でのプレゼンスに影響することは確かだと思うが、それだけではなく、加盟国政府の当局やその政府代表団の人材の質と組織としてのルール形成能力が伴って初めて、自国の国益に沿ったルール形成が可能となる。またその際実態がどう動いているのか把握していることが前提となるので、産業界がルール形成に参画して産官学の連けいがうまく機能することが重要である。

◆ *10*　海洋安全保障と国際法

　第10章では、個別の条約等を取り上げる。初めに取り上げるのは

テロ対策等の多国間枠組みをつくりあげるプロセスである。米国の同時多発テロ後に導入された海事テロ条約は、当時大規模テロを受けて喫緊の課題として早期にテロ対策の国際枠組みを作り上げる必要があった例である。次に取り上げるのは、核不拡散に係る国連安保理決議である。国連憲章に基づく国連安保理決議は、加盟国すべてに対して法的拘束力を持つ。拘束力が及ぶ範囲という点では最も多くの国に対して拘束力を及ぼすことができるが、一方その形成過程で多くの妥協も必要となる。このため、国連制裁ではなく、米国や英国、EUなどが国家単独もしくは地域共同体として制裁法案を成立させ、対象国に対して行動変容を促すための制裁措置をとることも多い。そして次に、日本にとって重要なシーレーンの確保に関する履行確保の観点から、国連安保理決議を経て加盟国の合同オペレーションを実現させたソマリア沖アデン湾での海賊対処の例と、国連海洋法条約に基づく国際紛争解決メカニズムにおいて判決が出された南シナ海仲裁裁判の例を取り上げる。

● **海事セキュリティ条約**　国際枠組みを短期間で構築した1つの例として、2011年のテロ後の海事分野でのテロ対策についてまず触れたい。2011年に米国で発生した同時多発テロ事件後、米国は対テロ対策を外交安全保障上の最優先課題として取り組んだ。国際航空の世界は規制が多く監督が行き届くが、海運関係は海運自由の原則のもと規制・監督が緩い。そこで、海事関係では、米国主導で以下の国際枠組みが新たに取り入れられた。まず、1）自国に入港する船舶に関する情報を確実に入手する国際ルールを構築すること、2）船舶のアイデンティティの識別を容易にするシステムを導入すること、そして3）公海上の船舶を臨検するシステムを構築することである。

　国際法の一般原則
上、これらを通常の条
約案策定、批准、条約
発効の手順を踏んでい
ては、システムが稼働
するのがいつになるか
わからない。また、そ
もそも敵対する国も含
めて全ての国が対象に
ならないと意味がな

NY の国連ビル

い。そのため1）と2）については、既存の条約で批准を待たずに発効
する枠組みを活用することにした。船舶を使ったテロを防止するため
に、沿岸国において外国船舶も含めて航行中の船舶の位置を把握する
ことができるように、船舶に対して自動識別装置（Autonomous Iden-
tification System（AIS））の装備を義務付けた。また、自国に入港する
船舶に対してそれまでの寄港地情報を通報する義務を課すなどの内容
の提案を行った。これらを総称して海事セキュリティ条約と呼ぶ。こ
の際に米国政府がとった戦略は、新たに条約を制定するのではなく、
船舶の安全を図る既存の条約の一部として提案することであった。国
際法上の一般原則は、国家は批准などの行為を通じて拘束される意思
を示さない限り、拘束されない、ということである。一方、船舶の安
全に関する国際条約（SOLAS条約）においては、技術の日進月歩に迅
速に対応するため、元となる条約の加盟国に対して、条約上の安全要
件が変更された場合には一定期間内にこれを受け入れない旨を宣言し
ない限り改正された内容に拘束されることとしており、かつ、加盟国

間で常に最新の要件が満たされているか自国に寄港する船舶を検査し違反している場合にはこれら船舶の航行を認めない枠組み（PSC）が整備されていた。この要件改正として、セキュリティ要件を付け加えることにより、「条約を批准したものだけが拘束される」という国際法上の限界を回避することができた。自国籍船だけでなく自国に入ってくるかもしれない全ての旗国の船舶を対象にしないと、目的に照らして意味がないが、通常の条約のプロセスを踏んでいては実現は困難である。米国が本気になれば短期間に機能する国際システムをつくりあげる実務能力に感心した。

　3）については利用可能な既存枠組みがないため、核兵器（Nuclear）、生物兵器（Biochemical）、化学兵器（Chemical）といった新たな大量破壊兵器の拡散を防ぐための米国独自のイニシアチブとして PSI（Prorifilation Security Initiative）を開始した。海洋法の世界は旗国主義なので、公海上では船舶が登録している旗国が管轄権を有する。先に述べたように外航海運の世界では、コスト削減の観点からいわゆる便宜置籍国に旗国登録が移ってしまっており、パナマ、バハマ、マーシャル諸島、リベリアなどが船舶登録隻数では主要国となっている。このため米国はこうした便宜置籍国とそれぞれ二国間の協定を締結し、公海上でこれらの旗国の船舶を臨検できる仕組みを構築した。また、船舶の動向をより広範に把握するため、近距離の船舶の位置を把握する船舶自動識別システム（AIS）に加えて 1000Km 程度の外洋の船舶の位置を把握する長距離船舶識別システム（Long Range Identification and Tracking（LRIT））も導入され、船舶の行動捕捉のシステムが強化された。なお、米国による大規模破壊兵器の不拡散の取り組みは、海運分野において、初めは二国間協定として主要便宜置籍国と協定を結

び自国が旗国でなくとも船舶の輸送貨物の検査を実施できる枠組みを作り、後には、核開発関連物資の移転を防止するため安保理決議1874号などを採択するに至った。このようにこの公海上での船舶の臨検の国際枠組みは、現在では核不拡散に関する国連安保理決議に反映されており、グローバルに運用されている。日本では、2010年に「国際連合安全保障理事会決議第千八百七十四号等を踏まえ我が国が実施する貨物検査等に関する特別措置法（通称「貨物検査法」）」が制定されている。

●● **国連安保理による制裁決議**　繰り返し書いてきたように、国際法では拘束力を及ぼすことができる範囲に制約がある。ではできるだけ多くの国に共通のルールをあてはめ守らせるにはどうすればよいか、というと、こうした拘束力の点において最も広範な拘束力を有するのは、国連の安全保障理事会決議である。理事会決議は国連の全加盟国を拘束することとされている。1980年代までの冷戦時代には、常任理事国による拒否権発動等によりあまり機能してこなかったとされる国連安保理であるが、1990年代以降、不拡散や海賊対策等を含め数多くの決議が採択され、国際協調のもとでの行動がとられるに至った。制裁決議には履行状況をモニタリングする枠組みも導入されている。1945年に発効した国連憲章では、第7章において制裁措置として武力による制裁と非軍事的措置（経済制裁）について規定されている。非軍事的制裁措置としては、国連憲章第41条に、全面的もしくは部分的な経済的関係の停止、交通、通信の停止、外交関係の停止が例示されており、非軍事的措置が功を奏しない場合に軍事的行動を許容するといった構成になっている。国際協調のもと経済制裁を実効あらしめるには、各国の国内法において当該措置が取られるよう整備されていな

ければならない。ここで国家間の合意である国連決議と各国の国内法との連携が出てくる。決議における制裁の内容は多岐にわたる。例えば不拡散関連の決議では、関連物資の移動を物理的に止めるための検査、押収や関連する人物や法人を特定し国境を越えた移動や資金移動を禁止するなど。後者はいわゆる金融制裁と呼ばれるものである。資金移動を止めることによってかなりの制裁効果を発揮することが期待されている。

● **核開発疑惑に関する金融制裁**　2010 年 6 月、核開発疑惑を発端として、国連安保理でイランに対する制裁決議（安保理決議 1929 号（UNSC resolution 1929））が可決した。同国に対してはそれまでも、核開発関連技術の輸出禁止や石油等資源関連産業への投資等の禁止、一定の金融取引の禁止、といった制裁が講じられてきたが、今回の制裁措置では、同国の石油関連産業に係るより厳しい金融取引の禁止や、同国政府に関わる船舶への役務の提供についても禁止されることとなった。さらに、同安保理決議を実施する EU 規則の制定を受けて、英国政府は、厳しい金融制裁を講じることとした。安保理決議どおり、イランの海運会社等に関連する資金移動を取扱わないよう国内の金融機関に求めるとともに、同国からの石油輸出に関わる船舶への海上保険の付与を禁止したのである。外航海運発展の歴史から、外航船舶に付保する海上保険会社の多くは英国の企業である。国際油濁補償制度は、民間船舶に対する海上保険が付与されることを前提に成り立っており、民間保険が提供されないと現実的には石油の輸送が困難になる。実質的な経済的影響を意図した制裁措置であった。基金の会合においても、こうした制裁措置に反対する加盟国が制裁措置を非難する発言を行う一方、当該問題は別の国際機関のしかるべき場で議論すべ

き議題であると反論する加盟国との間で対立が生じる場面があった。

　イランから日本に原油を輸送するタンカーに、通常であれば民間の海事保険会社の保険を付すのであるが、これが制裁措置との関係でできない。国際補償基金制度は、民間船社が保険を付与することを義務とした民事責任条約とセットで成り立っており、保険なしでの運航は国際条約違反であるし、万一事故が

国連安保理決議 1929

起こった場合に適切な賠償を保障できなくなる。当時、日本や韓国はイランからの原油輸入において世界第 1, 2 位を占めていた。このため、日本政府では、2012 年 6 月政府が民間保険に代わって保障を提供するための特別措置法を成立させた。

　こうした国際協調による制裁措置の実施は、各国政府を拘束するのは国際法規範としての国連決議であるが、その履行は、国連加盟国各国の国内法に基づき実施されることになる。国際法上は、全ての加盟国が決議内容に拘束され、その履行を実施する義務を負うのであるが、実際には各国の政治的立場や、また多くの場合には実務能力の欠如などによって全ての加盟国が完全に国連議の内容を国内法化し履行を担保する、といった状況を期待することは困難なのが現実である。このため、制裁対象国により実質的なインパクトを与える措置の

導入が考案されてきた。原油輸出を国家の主たる資金源としているイランに対する制裁では、石油輸出に用いられる外航船舶への保険の付保が禁じられ、同国にとって大きな痛手となった。

　金融制裁の提案国である米国は、イランによる核開発疑惑に対し極めて厳しい姿勢で臨んでおり、自国の金融機関に対して、制裁措置を履行しない国との金融取引を控えるよう指導を行った。

● 制裁法案　上述のように安保理決議は全加盟国を拘束し、モニタリングの枠組みも設けられているものの、全ての国連加盟国が熱心にそれを遵守しているかというと別問題である。実際に国際枠組みを機能させるには、対象国に行動変容を起させるほどのインパクトのある実質的な効果がもたらされる必要がある。そのためには、それを可能とする技術とシステムインフラと規範としてのシステム作りを可能とする実務能力が必要である。船舶の安全確保やセキュリティ対策は、船舶が旗国がいずれであるかに関わらず実質的に関与する国の港に入港することが現実であることを前提に組み立てられている。また、制裁措置の柱となっている金融制裁は、現在の資金送金メカニズムが西側先進国が構築してきたシステムインフラを使うことが前提となっているからこそ有効に機能している。昨今では、安保理で合意が得られない事案について、安保理決議ではなく個別国家によって独立した制裁法案が議会で成立し履行される場合が増えている。こうした多国間でない制裁措置が機能するには、それを可能とする技術とシステムインフラがあるとともに主要なプレイヤーが参加している必要がある。これまでは、米国や英国がこうした制裁枠組みを行使することが多かったように思うが、近年では中国なども制裁措置を講じるようになってきている。国連システムを含め既存の国際枠組みは第2次大戦の戦

勝国、とりわけ米国と英国が中心となって起草したものが多い。一方、今後国際情勢が変動する中で、制裁対象側による対抗制裁が行われつつあるし、技術の発展によって制裁措置を機能させているシステムインフラに変化が起これば、こうした法的措置の前提条件が変わる可能性もある。

エピソード：同僚の自動車を売る外交官

　2011 年、西側諸国による金融制裁に反発し暴徒化した学生たちが中東の I 国にあるイギリス大使館を襲撃したことから両国間の関係が一層悪化し、それぞれ大使館を閉鎖することを決定した。しばらくして IMO で会った I 国の大使館員が愚痴をこぼす。「自分ともう 1、2 人は当面英国に残ることを許されたが、他の人間は直ちに国に帰らないといけなくなった。自分の今の仕事は彼らがイギリスに置いていった車を売りさばくこと。皆、帰国まで時間がなくて持っているものを全部置いて帰らなければならなかった。でも、足元を見られてあまり高く売れない。そうすると、本国に帰った同僚から文句のメールが殺到するんだ。何でもっと高く売れないのかってみんな文句ばかり言ってくる。私は外交官で車のディーラーじゃないから車を売るのはうまくないのは当たり前だ。」これは極端な例だが、どの国の政府の役人も直接話をすると、それぞれの国で同じようなプレッシャーのもとにあったり、限界を感じていたり、同じような愚痴をこぼしていることがある。立場は違えど同じ人間だと感じる瞬間である。

● **エネルギー資源輸送とシーレーンの確保**　　石油業界にはアップストリーム（upstream）とダウンストリーム（downstream）という言い方がある。前者は石油資源の開発部分を指し、後者はその消費地への流通や精製過程の部分を指す。いわゆる国際石油メジャーは両方を行うが、日本の場合は、石油会社は後者の流通・精製部分をもっぱら

行っていて、前者に関与しているのは商社となっている。北米大陸や
欧州の北海にも原油資源はあるが、埋蔵量的には、中東、アフリカ、
南米など西側先進国でない地域に多く存在しており（南米のベネズエ
ラは今でも推定埋蔵量世界一である）、国際石油メジャーもこうした地域
で権利を獲得し原油を産出してきた。当初、途上国である資源国では
自国で開発・産出する技術力がなかったので、セブン・シスターズと
呼ばれる欧米の大企業（現在では、シェブロン、ロイヤル・ダッチ・シェ
ル、BP、エクソン・モービル、テキサコに再編されている。）がもっぱらこ
れを行い寡占状態となっていた。1970年代以降、途上国側の国家意識
の高まりとともに、外国に譲許した権利を取り戻し資源開発を国有化
する動きが進んだ。

　地球環境問題の影響もあり、現在は多くの国で原子力や再生可能エ
ネルギーへの転換が進められており、また、化石燃料の中でもより環
境負荷が小さい天然ガスへの転換が各国で図られている。天然ガスの
主な産出国はカタール、オーストラリア、マレーシアなどで、上記の
原油資源国とは若干異なる顔ぶれになっている。

　外航海運は世界各国の経済活動にとっての基盤であり、特に日本に
とっては中東からの石油や天然ガスといったエネルギー資源の輸送は
国を支える基盤である。一方、中東から日本へのエネルギー資源の輸
送は、いくつかの狭隘な海峡区域を通らざるを得ず、時に円滑な航行
に懸念が生じて問題になる。中東海域から日本へは順に、ホルムズ海
峡、マラッカ・シンガポール海峡、南シナ海やインドネシアの島しょ
海域を通り、南西諸島海域を通って、ようやく日本にたどり着く。日
本を含む各国で原発の利用や再生可能エネルギーの利用拡大が進めら
れつつあるが現在でも化石燃料に頼る部分は大きい。東南アジアや豪

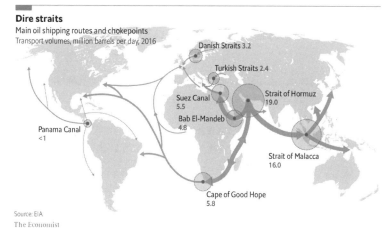

Dire straits
Main oil shipping routes and chokepoints
Transport volumes, million barrels per day, 2016

Danish Straits 3.2

Turkish Straits 2.4

Suez Canal 5.5

Bab El-Mandeb 4.8

Strait of Hormuz 19.0

Panama Canal <1

Strait of Malacca 16.0

Cape of Good Hope 5.8

Source: EIA
The Economist

石油輸送ルート
（出典:Energy Information Administration website）

州、北米など輸入先の多様化も図られているが、中東地域からの輸入
は引き続き大きなシェアを占めている。なお、この中東からのエネル
ギー資源の輸送路は、日本だけでなく、中国や韓国とも共通であり、
これら海域の円滑な航行の確保は日中韓それぞれにとって自国の経済
基盤を左右する課題である。

　また、地球温暖化に伴い北極圏の航海可能区域が拡大すると見込ま
れており、欧州と東アジアを結ぶ代替路として期待が高まっている。
複数ある航路のうちロシア側をとおる航路が最も航行可能性が高いと
見込まれている。厳しい航行環境が想定されることから IMO におい
て技術基準が定められているが、海域の環境保全を図る必要があるほ
か、氷解の程度によって航行可能区域が限定されるため沿岸国の排他
的経済水域（EEZ）や領海における権利との関係にも留意が必要であ

マラッカ・シンガポール海峡

る。北極圏の沿岸国8か国から成る北極評議会（Arctic Council）が設立されており、日本はオブザーバー国として参加している。日本としては海上航路の安定的な確保の動きに乗りおくれないよう、北極圏のルール策定に参加する必要がある一方、以下に述べるように引続き主要ルートである南回りルートを安定化させる必要がある。

　エネルギー資源を輸入している中東もしくは貿易相手国としての欧州と日本を結ぶルートは、1）ユーラシア大陸の南側を回る海上ルート、2）ユーラシア大陸を横断する陸上ルート、3）北極航路の3つがありうる。しかしながら、3）の北極航路については年間で運航可能な季節が限られているし、溶氷の状況によって通航にあたって沿岸国の権利との関係が生じうる。2）については、ユーラシア大陸上の道路輸送もしくは鉄道輸送ルートとなり、広大な面積を占めるロシアもしくは中国の協力を得て初めて可能となる。従って、国際法上、他国の了解を得ずに安定的に物流ルートとして利用可能なのは、1）のユーラシア大陸南側の海上ルートのみである。中東と北アフリカの間の狭隘海域であるアデン湾周辺の海域において安全な航行に支障が生じたり、南シナ海において沿岸国によって国際法上認められない権利行使が行われれば、日本の経済基盤を支える物流ネットワークに深刻な支障が生じる。また、これは東シナ海においても同様である。日本にとって航行の自由の確保は極めて重要な課題である。

　表1を見てほしい。原油の主要輸入国が2019年時点においてどの国からどの程度原油を輸入しているかを示している。表2は天然ガスについての輸入先と輸入量である。日本と中国が中東から大量に原油や天然ガスを輸入していることがわかる。また、中国、インド、欧州諸国は、西アフリカや中南米からも多くのエネルギー資源を輸入している。これらの輸送には、安定的な海上航路の確保が不可欠である。なお、かつて日本はイランから大量の原油を輸入していたが、国連決議による制裁措置の決定を受けて以後、輸入は激減した。そして表3を見てほしい。これは1980年以降約10年ごとに、主要輸入国の原油輸入量のシェアの推移を表した表である。これを見るとわかるように、2000年以降中国をはじめとした新興国の経済発展に伴い、これらの国々よる原油輸入量のシェアが大幅に増えている。21世紀はデジタル社会の世紀であるが、デジタル社会は安定的な電力供給が確保されることが前提である。急速な経済成長と社会のデジタル化を同時に迎えている中国などの新興国は膨大な量のエネルギー資源を必要とする。これを石油や天然ガスで賄うには、既存の産出国から膨大な量の化石燃料を輸入する必要があり、それは輸入元の確保と安定した航路の確保が必要となる。さらには、海底資源に係る権益を行使し、自国の資源を確保することも重要な選択肢となる。近年の中国と周辺諸国との緊張については、こうした資源エネルギーの獲得をめぐる緊張としてとらえることも可能である。

　なお、化石燃料の使用量の急増は、ただでさえ悪化している地球温暖化問題に致命的な影響を及ぼしかねない。中東やアフリカ、中南米、島しょ国などでは、地球温暖化問題によるとみられる干ばつや海面上昇などで居住可能地域が減少するなどし、難民の発生や近隣国へ

（表 1）主要国による原油輸入先

	日本	%	輸入量	中国	%	輸入量	インド	%	輸入量	米国	%	輸入量	欧州	%	輸入量
原油の輸入先	1	サウジアラビア	35.8	52.6	サウジアラビア	16.4	83.3	イラク	22.2	49.2	カナダ	56.1	189.7	ロシア	29.3	153
	2	UAE	29.2	42.9	西アフリカ	15.3	77.8	サウジアラビア	19.2	42.6	中南米	11.8	40	他のCIS	13.0	68.1
	3	その他中東	13.1	19.3	ロシア	15.3	77.7	西アフリカ	13.6	30.2	サウジアラビア	7.4	24.9	西アフリカ	12.5	65.1
	4	ロシア	5.4	7.9	中南米	13.2	67.2	UAE	8.8	19.6	イラク	4.9	16.5	北アフリカ	11.3	59.1
	5	米国	2.1	3.1	その他中東	10.3	52.2	中南米	8.4	18.7	西アフリカ	4.2	14.1	イラク	10.6	55.4
	輸入量		100.0	146.9		100.0	507.2		100.0	221.7		100.0	338.4		100.0	522.5

輸入量：million tonnes
（出典：bp statistical review of world energy 2020 より著者作成）

（表 2）主要国による天然ガス輸入先

	日本	%	輸入量	中国	%	輸入量	韓国	%	輸入量	欧州	%	輸入量
LNGの輸入先	1	オーストラリア	38.9	41	オーストラリア	46.9	39.8	カタール	27.5	15.3	カタール	26.9	32.2
	2	マレーシア	12.1	12.8	カタール	13.4	11.4	オーストラリア	19.1	10.6	ロシア	17.1	20.5
	3	カタール	11.3	11.9	マレーシア	11.8	10	米国	12.9	7.2	米国	15.3	18.3
	4	ロシア	8.2	8.7	インドネシア	7.3	6.2	マレーシア	11.9	6.6	ナイジェリア	13.2	15.8
	5	米国	4.7	5	ロシア	4.0	3.4	オマーン	9.7	5.4	アルジェリア	12.7	15.2
	輸入量		100.0	105.5		100.0	84.8		100.0	55.6		100.0	119.8

輸入量：billion cubic meters
（出典：BP statistical review of world energy 2020 より著者作成）

（表３）エリア別原油輸入シェアの推移

%)) (輸入量（千バレル/日）)	1980	1990	2000	2019
米国	20.7	25.3	24.9	12.8
欧州	37.6	30.9	25.3	21
中国	–	–	4.3	16.7
インド	–	–	3.7	7.6
日本	15.3	15.1	12	5.3
その他	26.5	28.8	29.9	36.6
合計	100	100	100	100

（出典：BP world energy statistical review2020 より、著者作成）

の移動（Migration）の問題が生じており、安全保障上の問題とも受け止められている。再生エネルギーへの転換など化石燃料に頼らない社会の構築は、単に環境問題にとどまらず、各国間の緊張を緩和する安全保障上の要請にもこたえるものとなっている。

　以下では、商船隊の航行の自由の確保の観点から、ソマリア沖アデン湾での海賊対策における多国間での合同オペレーションと南シナ海仲裁裁判について触れる。東アフリカのソマリアでは内戦により経済が破綻し、武装化した勢力が周辺海域の商船を襲うようになった。国連安全保障理事会ではソマリアの内戦終結とこうした海賊行為への対応において国際協調が呼びかけられ、海洋法上の普遍的管理権の行使と、例外的に他国領海における取締り活動が許容されるに至った例となった。一方、南シナ海においては、フィリピンが中国による同海域における行為を国連海洋法条約違反であるとして国際仲裁裁判所に訴え勝訴判決を得た。

● アデン湾における海賊問題──普遍的管轄権の行使による違法行為の抑止

　海賊問題は、古くは大航海時代から外航商船隊の安全な航行の確

保において長らく問題視されてきた。現代の海賊行為ではマラッカ・シンガポール海峡やインドネシアの島しょ部などの狭隘水域において船舶が航行速度を落とす際などに窃盗などの被害にあうことが大半であったが、海賊による被害が苛烈化したのは、2000 年代以降、東アフリカのソマリア沖アデン湾海域で、内戦の影響で経済が破綻し、武装化した集団が船舶を襲撃し強盗や誘拐を行うに至ったことによる。アデン湾は、ホルムズ海峡を抜けて中東から欧州地域に向けてのエネルギー資源の輸送路にあたるとともに、日本の商船隊にとっても日本と欧州を結ぶ動脈となる航路となっている。同海域を回避すると、アフリカの喜望峰沖を通っての長大な航路ならざるを得ず、そのコスト増は甚大である。ソマリア内戦の平和的解決に向けて累次の決議が採択されるとともに、アデン湾における安全航行が阻害されることは世界経済にとって多大な影響を及ぼすことが共通認識となった。国連安保理において決議 1816 号をはじめ累次にわたる決議が採択され、2009 年には米国や EU 加盟各国のみならず各国が艦船を派遣し、第 2 次世界大戦後初めて全ての安保理常任理事国を含む形での海賊対策の合同オペレーションが実現した。

　海上での違法行為については、国際法上、公海において普遍的管轄権の対象となる海賊行為と各国の領海においてその沿岸国の管轄権の対象となる海上犯罪行為は分けて取り扱われてきた。前者の公海上の海賊行為については、国連海洋法条約の第 100 条から第 107 条において規定があり、管轄権の行使について、旗国、沿岸国、寄港国といった基本的な枠組みの例外として、海賊行為に対しては、公海上はいずれの国も管轄権を行使することができる「普遍的管轄権」が認められてきた。一方、領海における犯罪行為については国連海洋法条約第 2

部に規定される管轄
権に関する考え方に
基づいて、沿岸国の
管轄権行使を前提と
しつつ、外国籍船舶
に対する法の執行や
裁判管轄権の行使に
あたっては、船舶の
旗国とのバランスを
配慮した取り扱いを
行うものとされてき
た。しかしながら、

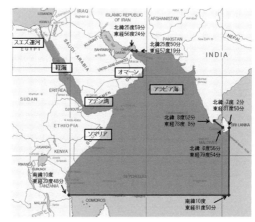

アデン湾周辺海域
(出典:国土交通省ウェブサイト)

ソマリア沖における海賊行為の苛烈化に対しては、沿岸国であるソマ
リア自身の統治機構が機能不全であることもあり、安保理決議1816
においては、公海上での合同オペレーションに加え、ソマリア暫定自
治政府の要請を踏まえ、国連憲章第7章に基づき、加盟国に対して海
賊行為の抑止のためにソマリアの領海に入り海賊行為の抑止のために
必要な行為を行うことを許容するとした。ただし、当該行為は公海上
の海賊行為に対して認められる条件に合致する限りにおいて、かつ、
ソマリアに対してだけ認められるものであり、他の国に対しては既存
の国際法の枠組みが維持されることが強調されている。そのうえで、
管轄権の決定にあたって、海賊行為の被害国、船舶の旗国、沿岸国な
どが国際法を考慮に入れつつ協力を行うことが要請された。

　2009年、日本の海上自衛隊の護衛艦も同オペレーションに参加し
た。日本では、当初自衛隊法の海上警備行動として参画し、同年6月

United Nations
S/RES/1816 (2008)*

Security Council

Distr.: General
2 June 2008

Resolution 1816 (2008)

Adopted by the Security Council at its 5902nd meeting on 2 June 2008

The Security Council,

Recalling its previous resolutions and the statements of its President concerning the situation in Somalia,

Gravely concerned by the threat that acts of piracy and armed robbery against vessels pose to the prompt, safe and effective delivery of humanitarian aid to Somalia, the safety of commercial maritime routes and to international navigation,

Expressing its concern at the quarterly reports from the International Maritime Organization (IMO) since 2005, which provide evidence of continuing piracy and armed robbery in particular in the waters off the coast of Somalia,

Affirming that international law, as reflected in the United Nations Convention on the Law of the Sea of 10 December 1982 ("the Convention"), sets out the legal framework applicable to combating piracy and armed robbery, as well as other ocean activities,

Reaffirming the relevant provisions of international law with respect to the repression of piracy, including the Convention, and *recalling* that they provide guiding principles for cooperation to the fullest possible extent in the repression of piracy on the high seas or in any other place outside the jurisdiction of any state, including but not limited to boarding, searching, and seizing vessels engaged in or suspected of engaging in acts of piracy, and to apprehending persons engaged in such acts with a view to such persons being prosecuted,

Reaffirming its respect for the sovereignty, territorial integrity, political independence and unity of Somalia,

Taking into account the crisis situation in Somalia, and the lack of capacity of the Transitional Federal Government (TFG) to interdict pirates or patrol and secure either the international sea lanes off the coast of Somalia or Somalia's territorial waters,

* Reissued for technical reasons.

08-36177* (E)

安保理決議 1816

に「海賊行為の処罰及び海賊行為への対処に関する法律」が成立・施行した後は同法に基づき実施された。艦船による護衛を希望する船舶は、国土交通省を通じて政府に登録することによって、合同オペレーションによる護衛を受けることとなった。

上記の日本の海賊対処法においては、公海及び我が国の領海を対象とした一定の犯罪行為を「海賊行為」と規定した。同法に基づく護衛オペレーションにおいては海上保安官も乗船し、商船隊の船舶の護衛オペレーション自体は海上自衛隊が実施するものの、犯罪者の逮捕や処罰といった法執行の部分は海上保安官が担うといった形がとられた。同法第 12 条は「この法律の施行に当たっては、我が国が締結した条約その他の国際約束の誠実な履行を妨げることがないよう留意するとともに、確立された国際法規を遵守しなければならない。」と規定し、個別の国内法には珍しく国際法との関係への考慮を求める規定となっている。この合同オペレーションの結果、2013 年以降アデン湾での海賊行為は激減し、安保理決議に基づく各国の合同オペレーションにより海上における違法行為を抑止することができることを示す好事例となった。

● **南シナ海仲裁裁判──国際法上の紛争解決手段**　次に、フィリピンが国連海洋法条約の規定の解釈をめぐり、中国を同条約に基づく義

務的仲裁裁判に訴えたいわゆる「南シナ海仲裁裁判」について触れたい。本件については日本は訴訟の当事者ではないが、先に書いたように同海域は中東から日本へのエネルギー輸送等における重要なシーレーンの一部である。中国による同海域における人工島の建設や他国の漁船等への干渉行為を国連海洋法条約違反であると断じたという点で日本のメディアにおいても大きく報道された。以下にこれを要約しつつ紹介する。

＜事実関係＞

　2013年1月にフィリピンが中国を国連海洋法条約（UNCLOS）第Ⅶ附属書に基づき、中国が南シナ海海域で行っている軍事基地の建設を含む人工島の建設や同海域でのフィリピンの漁船が行う操業や海底資源発掘にかかる調査行為への妨害行動について、同条約違反であるとしてオランダのハーグにある常設国際仲裁裁判所に訴えたもの。中国は、いわゆる九段線と呼ばれるものに囲まれる海域内において自国の歴史的権利を主張し、同海域内において海底資源の発掘活動を行うとともに軍事施設の建設を含む人工島の埋め立て建設を進めており、同時に同海域内で操業するフィリピンを含む周辺国の漁船や資源採掘活動に干渉をおこなっていた。中国によるこうした行為に対するフィリピン側の訴えの論点は、中国が主張してきたいわゆる9段線と歴史的権利の役割と南シナ海における海洋権益の根拠、南シナ海において中国の権利主張の根拠となっている島や岩礁などの国連海洋法条約上の地位、フィリピンが国連海洋法条約違反であると訴える中国政府による特定の行動の合法性などである。

　中国は、この訴えにつき、国連海洋法条約は陸上の主権に関する条

項を含まず、また中国は 2006 年に海上の領域確定について同条約の義務的管轄権の範囲から除外する旨の宣言を行なっているとして仲裁裁判所の管轄権を認めず、出廷を拒否して外交ルートを通じてポジション・ペーパーのみを提出した。

仲裁裁判所は、2015 年 10 月にまず管轄権についてのみ予備的判断を下した。同裁判所は、上記の中国の主張を認め、陸上の主権に関する判断及び海上の領域確定に関する判断は行わないこと、そして、上記に抵触しない限りにおいて国連海洋法条約に定める両国の権利と義務に関して、フィリピンの訴えを審議する旨を明確にし、その限りにおいて同裁判所の管轄権を認める判断を行なった。そして、2016 年 7 月に全員一致で本案に対する判決を下した。

＜判　決＞

いわゆる九段線と南シナ海における中国の海域における歴史的権利との関係について、中国は、国連海洋法条約発効以前からいわゆる 9 段線に囲まれた海域に対して石油や鉱物等に対する権利を有している旨の主張を行ったが、仲裁裁判所はこれを認めなかった。すなわち、国連海洋法条約策定の交渉過程においてはその様な歴史的な権利についての交渉も行われたが、同条約ではそのうえで新たに排他的経済水域について定めていることから、中国が仮にそのような権利を有していたとしても、国連海洋法条約の発効により同条約と相いれない範囲において法的効果を有しないと裁判所は判示した。また、領域確定自体については同裁判所の管轄外であるとしたうえで、中国はフィリピンに対していわゆる 9 段線の域内の海域における歴史的権利なるものを行使する法律上の根拠を有しないと結論付けた。

南シナ海周辺海域
（出典:Voice of America より）

　次に、南シナ海における構造物等の地位について、仲裁裁判所は、
南シナ海において中国が人工島の建設や開拓などを通じて建設した構
造物に常駐の人員が配置されている現状について、これを国連海洋法
条約の定義に照らして排他的経済水域の根拠となる「島」ではなく

PERMANENT COURT OF ARBITRATION

Peace Palace, Carnegieplein 2,
2517 KJ The Hague, The Netherlands

Telephone: +31 70 302 4165
Facsimile: +31 70 302 4167
E-mail: bureau@pca-cpa.org
Website: www.pca-cpa.org

COUR PERMANENTE D'ARBITRAGE

Palais de la Paix, Carnegieplein 2,
2517 KJ La Haye, Pays-Bas

Téléphone: +31 70 302 4165
Télécopie: +31 70 302 4167
Courriel: bureau@pca-cpa.org
Site Internet: www.pca-cpa.org

PRESS RELEASE

THE SOUTH CHINA SEA ARBITRATION
(THE REPUBLIC OF THE PHILIPPINES V. THE PEOPLE'S REPUBLIC OF CHINA)

The Hague, 12 July 2016

The Tribunal Renders Its Award

A unanimous Award has been issued today by the Tribunal constituted under Annex VII to the United Nations Convention on the Law of the Sea (the "Convention") in the arbitration instituted by the Republic of the Philippines against the People's Republic of China.

This arbitration concerned the role of historic rights and the source of maritime entitlements in the South China Sea, the status of certain maritime features and the maritime entitlements they are capable of generating, and the lawfulness of certain actions by China that were alleged by the Philippines to violate the Convention. In light of limitations on compulsory dispute settlement under the Convention, the Tribunal has emphasized that it does not rule on any question of sovereignty over land territory and does not delimit any boundary between the Parties.

China has repeatedly stated that "it will neither accept nor participate in the arbitration unilaterally initiated by the Philippines." Annex VII, however, provides that the "[a]bsence of a party or failure of a party to defend its case shall not constitute a bar to the proceedings." Annex VII also provides that, in the event that a party does not participate in the proceedings, a tribunal "must satisfy itself not only that it has jurisdiction over the dispute but also that the claim is well founded in fact and law." Accordingly, throughout these proceedings, the Tribunal has taken steps to test the accuracy of the Philippines' claims, including by requesting further written submissions from the Philippines, by questioning the Philippines both prior to and during two hearings, by appointing independent experts to report to the Tribunal on technical matters, and by obtaining historical evidence concerning features in the South China Sea and providing it to the Parties for comment.

China has also made clear—through the publication of a Position Paper in December 2014 and in other official statements—that, in its view, the Tribunal lacks jurisdiction in this matter. Article 288 of the Convention provides that "in the event of a dispute as to whether a court or tribunal has jurisdiction, the matter shall be settled by decision of that court or tribunal." Accordingly, the Tribunal convened a hearing on jurisdiction and admissibility in July 2015 and rendered its Award on Jurisdiction and Admissibility on 29 October 2015, deciding some issues of jurisdiction and deferring others for further consideration. The Tribunal then convened a hearing on the merits from 24 to 30 November 2015.

The Award of today's date addresses the issues of jurisdiction not decided in the Award on Jurisdiction and Admissibility and the merits of the Philippines' claims over which the Tribunal has jurisdiction. The Award is final and binding, as set out in Article 296 of the Convention and Article 11 of Annex VII.

Historic Rights and the 'Nine-Dash Line': The Tribunal found that it has jurisdiction to consider the Parties' dispute concerning historic rights and the source of maritime entitlements in the South China Sea. On the merits, the Tribunal concluded that the Convention comprehensively allocates rights to maritime areas and that protections for pre-existing rights to resources were considered, but not adopted in the Convention. Accordingly, the Tribunal concluded that, to the extent China had historic rights to resources in the waters of the South China Sea, such rights were extinguished to the extent they were incompatible with the exclusive economic zones provided for in the Convention. The Tribunal also noted that, although

南シナ海仲裁裁判判決結果に
関するプレスリリース

「岩」に過ぎないと判示した。

　そして、南シナ海における中国の行動の合法性について、仲裁裁判所は、フィリピンの排他的経済水域における権利を認め、中国がフィリピンによる石油掘削に干渉し、漁業を禁止する一方で、中国の漁船がフィリピンの排他的経済水域内で操業することを防ぐことを怠り、フィリピンの承諾なく人工島を建設していることについて、中国はフィリピンの排他的経済水域と大陸棚における権利を侵害していると判示した。さらには、中国による同海域の開拓や人工島建設が海域の環境を破壊しており、国連海洋法条約に基づく海洋環境の保護の義務に反すると判示した。最後に、中国政府当局の公船によるフィリピンの漁船に対する行為は、船舶の航行における衝突防止に関する条約（COLREG条約）における義務違反であると判じた。

　判決はまた、仲裁裁判開始後に中国がスプラトリー諸島において行った人工島の建設や開拓行為が両国間の紛争を悪化させたと指摘し、これは、紛争解決プロセス開始後に、紛争を悪化させる行為を行わないという国際法上の義務違反である旨を指摘した。なお、フィリピンは15項目にわたる仲裁裁判所に対する救済事項の請求の1つとして、

中国が国連海洋法条約に基づく義務に従い同海域におけるフィリピンの権利と自由を尊重しなければならない旨の宣言を出すことも裁判所に求めたが、仲裁裁判所は、本件の根源は、中国及びフィリピンのいずれにおいても他の国の権利を侵害する意図に由来するものではなく、国連海洋法条約の元でのそれぞれの権利についての根本的に異なる理解に由来するものであるとして、両国とも条約の文言に従わなければならないことは条約解釈の基本としてすでに明らかであり、仲裁裁判所はすでに両国の権利と義務について解釈を示し、両国の間に重複する海域はない旨を明確にしているとして、宣言の必要性を認めなかった。

● **南シナ海仲裁裁判の意義と影響**　本判決は、南シナ海における中国によるフィリピンの漁船等付近を航行する船舶への干渉などについて、中国が主張する歴史的権利の存在を否定するとともに、国連海洋法条約上規定される排他的経済水域の存在についても、中国がその根拠とする人工島につき同条約における「島」に該当しないとしてこれを否定し、中国の行為は国連海洋法条約違反であると断じた。そして、中国による行為をフィリピンが有する同国の排他的経済水域における権利を侵害していると断じたのである。中国は終始一貫して仲裁裁判所の管轄権を認めず、とりわけ、領域の確定については国連海洋法条約の範疇を超えるものとして、ポジション・ペーパーなる文書を外交ルートを用いて提出し、自国の立場を主張したが、仲裁裁判所は、領域確定ではなく、国連海洋法条約に規定される権利の存否を判断するとし、その前提として権利の根拠となる事実関係についての認定を行うという手法を取った。

　南シナ海は、中東から日本、中国や韓国など世界最大の原油輸入国

群である東アジア地域と生産地である中東とを結ぶ航海ルートにあたる。

　中国の行動の背景については、当該海域の海底資源確保や支配海域の拡大などが指摘されている。急速に工業化が進み経済発展する国がそれを支えるエネルギー資源の確保が間に合わず、資源を求めて周辺国と摩擦をおこす状況は日本にとって既視感のある話でもある。仮に人工島の建設等の事実の積み重ねが、領域の拡大につながり、ひいては領海や排他的経済水域といった海域における権利を発生させる結果になったとすれば、同海域を航行する船舶や漁業資源、鉱物資源等様々な分野で影響は大きい。なお、人工島等の埋め立てに基づく領域の主張は、海域のみならず上空の空域にも及ぶ。海洋の場合は領海であっても無害通航権に基づく航行が可能であるが、空域ではその様な権利は認められておらず、領域と認定される影響はより大きい。この点において、南シナ海仲裁裁判判決は、直接的に領域確定に関するものではなかったものの、中国が主張する歴史的権利を否定するとともに、同海域における領海もしくは排他的経済水域としての権利行使を否定した点が注目される。

　このように、フィリピンは自国の主張を取り上げる紛争解決メカニズムのフォーラムを見つけることに成功し、勝訴の判決を得た。次に残るのは履行確保の問題である。

　国際裁判の判決については、国内法と異なりその内容の履行を強制する手段は一般的には存在しない。既述の通り、フィリピン政府は同海域における中国の権利義務に関する解釈に加えて中国がフィリピンの権利を尊重するよう宣言を出すことを求めたが、仲裁裁判所はこれを条約法条約の規定に照らして明らかであり、裁判所はすでに解釈を

明らかにしたとして不用とした。フィリピン政府は裁判において賠償請求もしておらず、判決は出たものの、同判決の履行を確保するための次の行動は訴訟当事国からは講じられていない。日本政府や米国政府等は、この仲裁判決を歓迎し中国に対して遵守を求めるとの立場を表明した。また、中国が判決を認めないとの立場を維持するなか、米国はいわゆる「航行の自由作戦」として同海域において軍艦の航行を行うことにより航行の自由を確保しているとされる。先に述べたように国際法には条文化された実定国際法のみならず、各国の国家実行が長らく継続し受け入れられることによる慣習国際法も存在する。判決に反する行動は受け入れられるということを各国が行動で示していくことも重要である。

　履行強制力に欠けるとはいえ、「海の憲法」とも称される国際枠組みでの紛争解決メカニズムにおいて「違法性」が認定された効果は大きい。判決を受けて両国間の交渉を進めるうえでのまずは基準になるし、国際社会において違法状態の解消に向けて多国間で外交圧力をかけることや履行確保に向けて何らかの仕組みづくりの検討が進む余地はある。また、本件では賠償請求がなされていなかったが、賠償が認められる場合には、履行確保に向けての1歩が進めやすかったかもしれない。なお、本判決では、中国による領海や排他的経済水域としての主張を退けている、すなわち、他国との関係はさておき、同国との関係では判決で否定された限りにおいてはこれら海域は「公海」もしくは他国の領海もしくは排他的経済水域となる。

　ソマリア沖アデン湾における海賊行為に対しては、沿岸国であるソマリア暫定自治政府が国際機関に対し協力を求めたことを踏まえ、国連安保理は同国沿岸の公海のみならず同国の領海においても海賊行為

抑止のための措置を取ることを沿岸国以外の加盟国に対して許容する旨の決議を行った。仮に南シナ海においても沿岸国が国際機関に協力を求めた場合、同様の枠組みの利用可能性は考えられる、しかしながらその際に留意すべきは、国連海洋法条約において規定される海賊行為は、私人による行為を対象としており、政府の公船を対象とはしていないこと、そして国連安保理決議の採択にあたって常任理事国が拒否権を発動すると決議の採択に至らないことである。

　以上取り上げたのは、南シナ海における裁判の例であるが、東シナ海においても関係国の主張が衝突するという点では状況は似ている。法的な解決手段と実質的な問題の解決の双方を見ながら対応を検討する必要がある。

● **国際裁判の管轄権と判決履行確保**　国家間の紛争を国際裁判において法的に解決することを望む場合には2点の限界がある。まず、国際裁判には国内法のような一般的な管轄権がなく、個別条約に規定される紛争解決メカニズムの活用が可能か否かをまず検討することとなる。2点目の限界は、国内法のような履行確保のメカニズムがないことである。これまでの国際裁判の例では大多数が適正に履行されているとされるが、仮に履行を拒む国が現れた場合には国際問題となる。国内での裁判の場合、判決内容が履行されない場合には、公権力による強制執行等の措置が取られる。国際法の世界では、プレイヤーである国家が並立して存在し、世界政府のようなものはないため、第三者が介入して判決結果を実現してくれるわけではないのである。

　国際法上の法的紛争解決メカニズムは、国連憲章（UN Charter）に基づく国際司法裁判所（International Court of Justice: ICJ）のほか個別の条約に基づく紛争解決メカニズムに基づいて実施される。

　こうした訴訟の当事者となる資格も個別条約により異なり、例えば国際司法裁判所（ICJ）では国家間の紛争のみを対象としており、国際機関や国家と個人間の紛争は対象とならない。国際機関については、国連への申し立てを通じて国連総会が求めれば国際司法裁判所は勧告的意見を述べることができることとなっている。なお、国際司法裁判所は1審制で上訴はできない。勧告的意見も含め国際司法裁判所で実際に取り扱われた事案はそれほど多くない。2020年時点で170件強。審理継続中に訴えが取り下げられることも多いし、勧告的意見も含まれる数字なので、実際に判決に至った事案はさらに少なくなる。

　国際裁判というのは国内の裁判と異なり、その裁判の当事者となるか否か、すなわち管轄権を受諾するか否かは、国際司法裁判所のように条約を批准してから管轄権受諾を選択するか、紛争解決メカニズムが規定されている個別の条約を批准する際にそれを受けいれるか否かを、それぞれの国家が決める。例えば、国際司法裁判所規程に基づき、国連加盟国は国際司法裁判所への応訴を自らの義務とすることを受諾することができる。いわゆる強制管轄権である。日本はこの強制管轄権を受諾しているが、先進国においても多くの国がこの強制管轄権を受諾しているわけではない。現在、強制管轄権を受諾しているのはG7の中では英国と日本だけである。米国はかつては強制管轄権を受諾していたが、国際司法裁判所での敗訴を契機として強制管轄権受諾宣言を撤回した。アジアの近隣諸国では、中国や韓国は強制管轄権を受諾していない。この強制管轄権の問題は次の履行強制力の問題と併せて考えるべきだと思う。

● **履行強制力のない世界**　国際司法裁判所の場合は加盟国に判決の遵守義務が課せられており（国連憲章第94条1項）、また、一方の当

事国が判決を履行しないときには、他の当事国は安保理に訴えること
ができ、安保理は必要と認めるときは、判決を執行するよう勧告をし、
またはとるべき措置を決定することができる（同2項）とされている。
しかしこれまで実際に何らかの措置が取られたことはない。1984年
にニカラグアが米国を訴え、国際司法裁判所がニカラグアの主張を認
め、米国に対して損害賠償を命じた際（ニカラグア事件（https:
//www.icj-cij.org/en/case/70）には、米国はこの判決を履行せず、ま
たニカラグアが安保理に訴えた際にも拒否権を行使した。ニカラグア
は国連総会に本件を提起し、米国に対して判決を履行するよう数次に
わたり勧告が出されたが、米国がこれらを履行することはなかった。
本件は後にニカラグアの政権交代ののち1991年に国際司法裁判所に
対して請求を取下げたことにより終結した。このように、国際裁判の
利用とその有効性は、国際社会における実質的な影響力と無関係に考
えることはできない。実務の観点からは、法的な紛争解決手段として
このように完全でないことを理解しつつ、実質的な結果をどのように
得るか、といった観点で検討することが必要になる。

● **国際裁判のプレイヤーたち**　　ところで、国際裁判に訴える場合、
英国や米国の国際法律事務所に依頼し、著名な国際法の有識者に参加
を求めることが多い。事案件数自体が多くなく、経験者は多くない。
そこで、原告、被告とも先進国であれ途上国であれ、訴訟を請け負う
のは、国際的な法律事務所や世界的に流通している国際法の教科書で
名前を見る著名な国際法の教授たちの名前が判決に並ぶことになる。
特に国際裁判の有識者たちは世界中で数が限られている。もちろん訴
訟に臨んではプロフェッショナルとしてお互いにベストを尽くすのだ
と思うが、原告側と被告側に分かれていても、彼らはもともとお互い

によく知っている友人同士であったりする。ちなみに、南シナ海の仲裁裁判の裁判長 Thomas Menzar 氏は、IMO の初代法律部長で国連海洋法裁判所の初代裁判長を務められたガーナ出身の方で、当時はロンドンで弁護士として働いておられた。当時、仕事でお世話になっており、会議への出席をお願いしていたところ、急きょ重要な案件が入ったということでキャンセルになったのだが、この仲裁裁判の予定だったようだ。残念ながら最近お亡くなりになったが、海洋法の分野で知らない人はいない誰からも信頼されている温厚な紳士だった。

◆ 第 IV 部 ◆
地球の裏側から見た国際社会

　日本で経験する様々な社会現象や制度変更は、米国や欧州諸国で先行して課題が顕在化した後に日本に入ってくることが多い。第IV部では、海外で暮らした際に感じた社会の変化を、地球の裏側から見た視点から書いた。11章では、社会のデジタル化と並行して監視社会化が進んでいる点について、12章では、新興国の飛躍的な経済発展や技術発展によって国際社会における各国の影響力が変化している点について、そして13章ではデジタル化による情報格差について、個人的な経験を交えて書いた。いずれも共通するのは、21世紀の社会が経験するこうした構造的な変化に対して、日本は主体的に歴史を作ってきた側ではなく、外部環境として対応してきた国だということだ。こうした変化の中で、日本は国際機関とどう関わるべきか等について、最後に私見を述べている。

◆ *11*　地球の裏側から見た国際社会 ━━━

● 紛争地域出身の同僚──世界一安全な国から来た自分　　日本にい

るとあまりに平和なので、ニュースで見る世界の紛争地域の状況など
あまりピンとこない。海外からたまに出張で日本に帰ると空港に降り
たとたんに、ほんわかした空気が漂っているように感じたものだ。自
分が日本人だからそう思うのかと思っていたら、一緒に出張で日本に
来たヨーロッパ人の同僚も「日本に来ると緊張感がとける」と言って
いたので、日本人ばかりでもないらしい。

　国際機関職員は、加盟国の求めに応じて出張に行くことが多い。ま
た、基金では、加盟国で事故が発生した場合、当該国に職員や専門家
を派遣したり、その国で弁護士を雇って訴訟を行うことになる。国に
よっては治安が極めて悪いので、職員が誘拐される可能性もあり、事
前にその国でオペレーションをしている国際機関や企業などから得ら
れた情報を参考に、職員の安全確保の措置を取っていく。幸いなこと
に著者自身はあまり治安の悪い国に出張に行くことはなかったが、あ
る国の事故では、事故が発生したのがテロリストに支配されている地
域で1審の裁判はその地域の裁判所で行われるため、引き受けてくれ
る弁護士を探すのに苦労した。治安の悪い国でオペレーションをする
ことが多い石油会社はセキュリティ対策に慣れていて、その国では空
港からはヘリを使って移動し、陸路は使わないと教えてもらった。ほ
かの国でも、事故が発生した地域が極めて治安が悪いので、首都から
出張してその地域の裁判に出るには危険手当を出してほしいと言われ
たりもした。

　業務で紛争地域に行くこととなる国連機関の職員は、事前に研修を

受けることを義務付けられている。現地で人道支援活動を行う NPO
職員も対象である。万一誘拐された場合に起こりうるシナリオや対応
方法などの説明を受け、「それでも行きますか。」と意思を確認されて
から派遣されるそうだ。彼、彼女らの使命感と勇気には本当に敬意を
払う。日本ではあまり報道されないが、米国や英国だと世界中様々な
紛争に軍隊を派遣しているし、経済活動やボランティアなどで紛争地
域などに行っている人も比較的多いから、普段の報道で前線の残酷な
ニュースも身近に入ってくる。

　同僚の一人はスリランカの名家の出身だったが、同国が紛争に陥っ
た時に家族や親戚皆がそれぞれ海外に渡ったそうだ。行先はイギリ
ス、カナダ、オーストラリア。生家はスリランカ国内の混乱を収拾す
るという名目で介入してきたインド軍の宿舎として接収された。最近
になってようやく内戦状態が終結し、数十年ぶりに自国の土を踏むこ
とができるのを楽しみにしていた。他の国際機関でも、ミャンマー、
レバノンなど紛争地域出身者が結構働いている。英米に留学した優秀
な人材でも、自国に就職先はないし、先進国の企業で採用してくれる
ところは少ないから、自然と国際機関職員になる人が多いとのことだ
った。日本の治安が極めて良いことは誇るべき点だが、一方で一歩海
外に出れば必ずしもそうではないという事実に気付きにくくなる。

● **米国同時多発テロ事件と NSA**　海外に住んでいると日本にいる
よりもテロなどがより身近な存在となる。2001 年の同時多発テロの
時は、たまたま NY に住んでいた。その日のことは今でも鮮明に覚え
ている。9.11 は火曜日に起きたのだが、その後週末までニューヨーク
上空は戦闘機が警戒飛行し、民間航空機が運航を再開したのは土曜日
だった。マンハッタンは島で周囲と橋やトンネルで結ばれているのだ

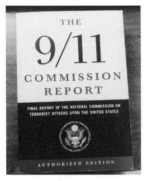

9.11 コミッションレポート

が、しばらくの間、これらの橋やトンネルが封鎖され、人も荷物も移動を制限された。9.11 後に初めて出張のために飛行機にのることになったとき、空港の待合室は張り詰めた空気で満ちていた。そんななか、ムスリムの小さな帽子をかぶった青年が入ってきて、持っていた箱の中から小さなコーランを丁重に取り出して小声で読み始めた。それを見て、同じ待合室にいたアメリカ人ビジネスマンたちが数人、待合室から出て行った。予定していたフライトに乗ることをやめたようだった。また、ある日の夕方、イエローキャブに乗ったところ、大音量のコーランが流れていた。車が走り出してしばらくして、「ブッシュをどう思う？」と運転手が聞いてきた。「私には難しいことはわからないけれど、平和が一番だと思う。」と答えて、家から少し離れたところで車を降りた。ちょうど、アフガン空爆が始まったころだった。

　著者は事件当時国際観光振興機構（JNTO）というインバウンド観光を担当する組織のニューヨーク事務所に出向していた。先ほど書いたように 9.11 は火曜日に起こったのだが、その前の週の金曜日に何件か不思議な電話があった。日本、もしくは東アジアのどこかでテロがある、という情報があるのだが、来週日本に行っても大丈夫か、という内容の問い合わせが数件あったのだ。他の日系の組織にも問い合わせたがわからない。翌週月曜日に一部の米国メディアがそういう報道をしていることが分かった。また、米国政府も報道内容を一部認め

た。そして翌日の火曜日にあの
同時多発テロ事件が起こったの
である。米国政府は何らかの情
報はつかんでいたのだが正確で
はなかった。同時多発テロ事件
については、連邦議会の独立調
査員会が事件の背景や時系列の
事実関係など膨大な情報を整理
したレポート（Final Report of
the national commission on terror-
ist attacks upon the United States:
The 9/11 Commission report）を
公表している。当時はどこの本

NY のテロ跡地「グラウンドゼロ」

屋に行っても平積みで大量に販売されていて、著者も 1 冊買って読ん
だ。米国の情報機関が入手していた情報が適切にテロの予防に生かさ
れなかった、と総括されており、同事件を受けて、米国政府ではセキ
ュリティ関係の組織改正が行われ国土保安省（Department of Home-
land Security）が設置されるとともに、国家安全保障局（National Secu-
rity Agency（NSA））などによるインテリジェンス・サーベイランスの
強化が図られた。従来の国家間の紛争と異なり、交渉の余地がなく、
相手がどこにいるか、誰であるかもわからない非対称の脅威に直面す
るといった局面においては、ひたすら情報を集めて防御する、といっ
たアプローチしか取れないということだろう。事件が事件であったの
で、当時国民もそういった方向性に対して特に反対する向きはなかっ
た。

　ニューヨークでの勤務を終えて日本の役所に戻ると、この国土保安省の下部組織に再編されていた米国沿岸警備隊（USCG）が担当していた海事セキュリティの条約に関する国際機関対応と国内履行を担当することになった。同時多発テロ事件を受けて、当時米国政府は航空セキュリティの向上と航空テロ被害に備えた国際保険制度を創設するための条約案を国際航空機関（ICAO）に提案するとともに、海上からの攻撃にも備えるべく海事セキュリティに関する条約案（通称 ISPS コード等）を国際海事機関（IMO）に提案していた。当時の米国政府はテロリストがタンカーをハイジャックして大都市圏近くの港湾エリアに突入してくる可能性があると思っていたようである。現地でテロを経験したので、米国民の怒りも米国政府のあせりもよく理解できるように感じた。事件の当日は快晴で空が真っ青な気持ちのいい朝だった。今でも当日のことを鮮明に覚えているほど強い印象を受けたできごとだったが、最も印象に残ったのは、これほどまでの知力、資金力、時間やエネルギーをかけて、悪意を持って何の関係もない人たちを巻き込んで攻撃を仕掛けてくる集団が世の中には存在する、ということだった。

● **CCTV と GCHQ**　2010 年からロンドンに住んだときはロンドンの街中を歩くといたるところ CCTV だらけであることに驚いた。米国でのデジタルでのサーベイランス活動が 2001 年の同時多発テロ事件を契機として急速に強化されたといわれているのに対して、英国では IRA のテロに悩まされた時期があり、市中に CCTV のネットワークが早くから張り巡らされたとのこと。著者が住んでいた頃の時点で、普通に生活している人であれば 1 日に 30～40 枚写真を撮られていると同僚たちから聞かされた。ロンドンでは路上に有料で駐車する

ことができる。近くに立っているポールに貼ってある番号に電話して
クレジットカード番号を伝えると、CCTV でモニタリングされてい
て、駐車していた時間分正確にクレジットカードから引き落とされ
る。またある時、ロンドン市の交通局から、IC カードの移動情報がプ
リントアウトされたものが送られてきて、これはすべてあなた自身か
確認してほしいとメッセージが添えられていた。当時、デジタルでの
取引やコミュニケーションにおいて他人に成りすます Identity Theft
が問題になっており、その調査の一環として送られてきたものだっ
た。米国では、2013 年に政府機関の下請け会社に勤務していた人物に
よる暴露事件もあり、こうした政府による監視・諜報活動がプライバ
シーの確保との関係で大きな問題となっていたが、英国では、これだ
け徹底した監視活動が行われていても米国ほどには問題になっていな
かった。日本から来た著者にはずいぶんなプライバシーの侵害のよう
に思えたが、同僚たちに聞いてもそれほど問題視していない。IRA の
テロの記憶と最近でもこうした情報をもとに実際にテロリストの逮捕
につなげるなど実績を出していたからだろう。ロンドン郊外には
GCHQ（Government Communications Headquarters）と呼ばれる巨大な
情報機関がある。第二次世界大戦時に極秘の暗号解読組織として対ド
イツ戦で功を奏した組織が戦後発展したものだ。

　基金に勤務していた 2011 年 3 月、モロッコのマラケシュで総会を
開くことになった。約 1 週間の会議が終わって同僚たちと有名なジャ
マエル・フナ広場に繰り出して夕食を取った。実はマラケシュは、そ
の 10 年ほど前にも休暇で訪れたことがあり、フナ広場のカフェで撮
影した写真も残っていた。「ここのカフェで以前お茶をしたのよ。ま
た来ると思わなかった。懐かしい。」などと、のどかに同僚たちと話を

モロッコのフナ広場

していたのだが、ロンドンに戻って1週間ほどしたころ、BBCのニュースを見るとその広場のカフェがテロであとかたもなく吹き飛ばされていた。当時欧州や中東ではムスリム過激派によるテロが続発していたのである。同僚たちとそのニュースを見て言葉を失ったのは言うまでもない。こういう時こそ、平和であることのありがたさを感じる。イギリス人がCCTVに抵抗を示さない理由が少し理解できた気がした。

　出張などで中国に行くと、監視機能はさらに徹底している。空港では10本の指の指紋を取られるし、空港内でWifiを使用する際にはパスポート番号を入力する必要がある。モバイルやアプリの利用によって位置情報の追跡が可能であるし、デジタル媒体の利用は様々な情報をプラットフォーム側に提供することとなる。こうしたデジタルでのコミュニケーション・プラットフォームについては、日本を含め多くの国で米国発のものがデファクト・スタンダードになっていることが多いが、中国ではほぼ並列して別体系のシステムが構築されている。国際線のフライトでユーラシア大陸上空を飛行するとき、中国の上空を飛ぶときだけは機内WiFiの使用が停止される。中国政府が禁止しているからだ。

　デジタル化の進展は社会を変えるほどの利便性を提供する一方で、世の中のほぼすべての情報がデジタル上にのることによってプライバシーに関して従前とは全く異なる環境を作り出した。政府によるデジ

タル上のサーベイランスは、批判もあるものの一部の国では安全保障上不可欠な存在となっていることは明らかだ。どれだけ多くの核弾頭を保有しようが、次に何をするか相手に筒抜けでは勝てるわけがないのだろうと思う。

🌑 **Chatham House ──英国外交のシンクタンク**　英国に住んでいる間、著名なシンクタンクである Chatham House の会員になった。正式には Royal Institute of International Affairs（日本名は「英国王立国際問題研究所」）という。仕事の上で、100 か国を超える加盟国を相手にしているので日本と違った観点で国際情勢を理解したいと思ったからである。外国の指導者が英国に来る際には Chatham House で演説を行うことが多く、また、海外の指導者以外にも英国に限らず他国の各分野の有識者や産業界の代表なども参加してのセミナーやシンポジウムが数多く開催され興味深かった。継続して話を聞いていて印象に残ったのは、ヨーロッパ諸国がいかに米国の軍事力に依存しているかということだった。当時のオバマ政権は軍事力のアジア太平洋シフトを進めていたが、ちょうどロシアのクリミア併合で欧州諸国とロシアの間の緊張が高まっていたこともあり、米軍の関心が欧州の東部戦線からアジア太平洋に移ってしまうのではないかとヨーロッパ諸国は深刻に懸念していた。当時アジアでは北朝鮮の地下核実験実施をめぐって緊張が高まっていたのだが、ヨーロッパ諸国からすれば極東の出来事は対岸の火事のようなものだった。自分たちは NATO も作り米国とともに集団安全保障体制を敷いているのに対して、日本及びその周辺のアジア地域の安全保障のために米軍のかなりのキャパシティーが割かれるのは、地球儀全体で見た場合に欧州の犠牲の上に成り立っているようにみえるようであった。

　著者が初めて外国に住んだのは 1995 年に米国のワシントン DC だったのだが、その時は、日本人がアメリカのことをよく知っていてアメリカが好きな人が多いのに対して、たいていのアメリカ人は日本にそれほど関心がなく、ワシントン DC という土地柄もあったのだろうが、日本に関心が高いのは軍人と金融関係者くらいだという印象を持った。また、直接そのような言葉を使った人はいないのだが、この人たちにとって日本は 51 番目の州なんだな、と感じたことを覚えている。

　日本に住んでいると実感がわきにくいが、米軍が世界中に展開し、第 2 次大戦後も実際に戦争を何度も経験していることから、米国では兵士の犠牲は大きな負担となっている。このため、退役兵士（Veterans）やその家族の団体の世論や政治への影響力は非常に大きい。例えば、米国では公共交通機関や公共の施設ではバリアフリー化が早くから義務付けられているが、これはベトナム戦争で負傷し車いすの生活となった多くの退役軍人たちの移動を確保するために、バリアフリー法が制定されたことが元になっている。

　2001 年に米国で公開された「ブラックホークダウン（Black Hawk Down）」という映画がある。1995 年に米国がソマリア内戦に軍事介入した際、米軍のヘリが敵対勢力の支配地域に墜落し、乗っていた米軍兵士が殺害されその遺体が住民によって引きずり回される様子が映像で世界中に放映された事件をえがいた映画である。米国民に大きな衝撃を与え、米国の当時のクリントン政権がソマリア内戦への介入から撤退する契機となったとされている。この事件を機に、米軍は、人的被害を最低限にするために、有人での攻撃を不要とするドローンの攻撃機としての利用やミサイル攻撃などの利用に大きく方向性を変えた

といわれている。さらに、近年では戦争の現場を経験して心理的に影響を受けると自国に帰ってきても家族との以前の落ち着いた生活に戻れない、といった社会現象が問題になっている。自国民を悲惨な前線に送るべきではない、というのはいずこの国でも共通する国民感情だろうから、技術の進展に伴い人的被害が少ない手段への切り替えが求められることと、自国のみが犠牲を強いられるのではなく同盟国等との負担の平準化の方向に国内世論が動くのは自然な流れのように思われた。

　日本では、第二次世界大戦の悲惨な経験から、平和憲法のもと自衛隊の海外での活動に制約をかけてきた。国際法上禁止されている行為以上に、自国法によって自国の軍事組織の行動に制約を付してきているが、米国内の世論や米軍の展開能力の制約から、アジア域内での国際情勢への対応に関して日本に対して、現状以上のさらなる貢献が求められることは自然な流れのように思えた。また、先に書いたように、国際情勢としては、他国のセキュリティ・サーベイランスが拡大してきており安全保障領域でサイバーの分野への対応の必要性が高まっているが、こうした活動は、従来型の軍事活動とは一線を画した平時での活動の延長線上である。技術の発展や同盟国等の戦略上のニーズにどのように答えていくのか、地球の裏側から見てアジアに位置する日本への期待は大きくなるように感じた。

◆*12* The Remains of the day ──経済的影響力を増す新興国、疲弊する西側先進国

● **大英帝国の日の名残り**　　著者の好きな映画の１つに「日の名残り

(The remains of the day)」がある。英国の貴族階級が衰退していく時代背景の中で、郊外の貴族の城館の執事役をアンソニー・ホプキンスが演じた落ち着いた情感あふれる映画である。著者はこの映画のテーマは、ヨーロッパの衰退と米国の勃興という時代の移り変わりを背景としたアンソニー・ホプキンス演じる執事の「自己抑制的な人生への誇りとほろ苦い回顧」のようなものだと思っていたのだが、後に、作者のカズオ・イシグロ氏がインタビューで作品の意図を答えていたのを聞くと少し違っていた。時代の移り変わりはストーリーの骨組みとなる重要な要素なのだが、作品のテーマは別のところにあった。

　時代の移り変わりについて、映画のなかで印象的な場面がある。主人公である執事の主人ダーリントン卿は英国の有力貴族で、当時ナチスドイツとの融和を画策しており、そのために郊外の自らの城館で内外の有力者を招いて会議を開くのだが、その参加者の一人が主人公の執事に対して非常に失礼な態度を示す。米国の上院議員として参加している米国人が、貴族階級が多くを占める参加者に向かって言う。「世界はあなた方が支配する社会から、民衆が国の将来を決める時代になるのです。」これに対して、上流階級出身と思われる一人の紳士が執事に対して「君はどう思う？君の意見が聞きたい。」という。執事は「さあ、私のようなものには難しくてわかりません。」と答える。この答えに反応して、質問をした紳士が声を上げて言う。「ほら聞いたかね。こうした何も知らない連中に国の運営をまかせるというのかね。そんな制度が一体うまくいくと思うかね。」。当時の特権階級の傲慢さが表れていて気分の悪いシーンだが、一方で民主主義社会の脆弱性を的確に予言していたようにも見える。民主主義国家では国内政策だけでなく対外政策も、その国の民主主義プロセスの反映になるのは自然

の流れだ。筆者は 1995 年に米国のワシントン DC の連邦政府に短期
調査研究員として赴任していたが、当時すでに、米国では中流階級の
崩壊がテレビで問題として取り上げられていた。自由競争、自由貿易
の先頭を走る国として、当時すでに米国企業は製造現場を賃金の安い
海外に移し始めていた。子供の世代が親の世代の生活水準を達成でき
ない初めての世代になるかもしれないとドキュメンタリー番組で当時
放映されていたことを覚えている。約 20 年たって状況がさらに悪化
した中で、経済的に不満と怒りをもつ人たちが有権者の多数派を占め
るのであれば、その人たちに選ばれたリーダーの政策が影響を受ける
のは自然な流れである。英国においても移民政策に対する不満が
Brexit を実現させ、Brexit を推し進めた人物を首相に押し上げた。現
実問題として、民主主義国家の外交政策が、国内の選挙を意識したも
のになるのは構造的なもので今後も変わることはないだろう。問題
は、その様な民主主義の脆弱性から免れている国家体制の国と比べ
て、外交政策、安全保障政策、経済政策において国家として合理的な
意志決定が可能かどうか、競争優位において不利にならないか、とい
うことである。

　作品の意図を聞かれて、カズオ・イシグロ氏はこの作品では主人公
のイギリス人執事を通して 2 つのものを表現したと言っていた。1 つ
は「fear of the emotions（感情に対する恐怖）」。感情を表すことによっ
てより大きなものを得られるかもしれないのにそれを恐れる心。ご覧
になった方はお分かりと思うが、執事はエマ・トンプソンが演じるメ
イド長にひそかな気持ちを抱き、メイド長も同じ思いをいだいている
ように見えるが、執事が自分の感情を直接伝えないために失恋する。
これはこのドラマの人間的な面である。しかし、作家はもう 1 つの点

がより重要だといっていた。それは、自分の仕事や役割を忠実に果たすことだけに集中して自分の貢献がより大きな文脈の中でどのような意味を持つかを考えないこと。つまり、この映画は、ナチスドイツに宥和政策で対応した英国政府とそれを支えた上流階級、そしてそのような上流階級に仕えた人たちの人生や当時の社会に対する痛烈な皮肉をテーマにした小説なのだそうだ。

● **経済的影響力を増す新興国、疲弊する西側先進国**　西側先進国の経済成長が鈍化し、政府の財政状況が悪化するなか、新興国の経済的影響力が相対的に増している。中でも中国の躍進が目覚ましい。中国は共産党一党独裁を国是とする共産主義国家だが 1970 年代後半に「改革開放」政策に舵を切り、市場主義経済の国際システムの中で大躍進し、GDP で世界第 2 位の地位を占めるに至った。10 年以内には世界 1 位になることが見込まれている。「韜光楊海（とうこうようかい）」という言葉がある。中国政府が、改革開放路線に舵を切ると同時に、「対外政策において摩擦を生じさせず、まず自力を蓄えることを優先せよ」という方針を示した当時の鄧小平主席の言葉とされている。中国はこの言葉を忠実に着実に実現してきたように見える。そして最近は国としての意思をより明確に表し実行するようになった。

　著者個人の完全な独断と単純化だが、米国と中国は似ているところがあると思う。合理的でカラッとした明るい人が多く、勤勉さや個人の才能を伸ばすことを大事にする社会ではないかと思う。

　国家間の相対的な影響力の変化というのは、歴史を通じて常に起こってきたのだろうけれど、第 2 次大戦後比較的安定した国際システムの中で過ごしてきた今の世代にとっては、現在起こりつつある国家間の経済的影響力の大きな変化というのは地殻変動のようで、今後何が

起こるのか想像がつかず落ち着かない。

　ロンドンで勤務していた時代、欧州の人たちのなかには、中国の経済発展のスピードと規模が大きさから、日本は飲み込まれてしまうのではないかという趣旨のことを言う人たちもいた。欧米での研究や書籍でそういった趣旨の分析が出始めていた頃だったのだろうと思う。2015年に日本に帰ってくると、インバウンド観光ブームでいたるところに中国人や韓国人の観光客がいて驚いた。政府間での対立はあっても国民同士は仲がいいのだとほっとしたと同時に、なかにいないと見えないこともある一方で、距離を置かないと見えないこともあるのだと感じた。

　国際機関は加盟国の拠出金で運営されるが、昨今、これまで国際機関の運営を資金面及び専門家による技術面で支えてきた西側先進国から政府の財政悪化から国際機関の財政運営について厳しい対応が続いている。第二次体制後、長らくの間、米国を中心とする西側先進国が国際機関の活動を資金的、技術的に支えるとともに、経済援助、技術援助を通して途上国の発展に寄与してきた。しかし、近年では西側先進国の経済は低成長に陥り、政府の財政悪化に伴い、その様な余裕はなくなってきている。国際機関では投票で意思決定を行う際、基本的に主権国家平等の原則のもとに大国も最近独立したばかりの国も投票権は1票である。190を超える国連加盟国の中ではいわゆる先進国は少数派に属する。かつて地球温暖化対策をめぐる京都議定書採択における議論では、途上国側は現在の地球温暖化問題の原因は西側先進国の工業化の過程で生じたものであるのに、これから工業化プロセスを経て経済発展しようとする途上国側に同等の負担を課するのは公正ではないとして「共通だが異なる責任（Common But Differentiated Re-

sponsibility（CBDR））」があると強く主張した。この際、中国は、いま
や経済規模世界第 2 位であるが、自らを途上国側に位置付けてこうし
た意見を率先して主張しグループの囲い込みを行った。数の上では彼
らが先進国グループを上回るため、国際機関の意思決定上大きく影響
する。その後米国や日本も脱退するなどの紆余曲折を経て、パリ協定
では途上国の中でも危機感をもった島しょ国等が推進派となり米中も
含めた合意が得られるに至ったが、西側先進国が中心となって大きな
国際枠組みを策定し動かす時代ではなくなった象徴的なできごととな
った。WTO など他の国際機関でも、中国は途上国としての顔と世界
第 2 の経済大国の顔をもっている。

● 開発と経済安全保障 ── 一帯一路とインフラシステム海外展開

圧倒的な経済力で中国が近年推し進めている政策が一帯一路政策
（Belt and Road Initiative（BRI））である。当初は近隣のアジア諸国のイ
ンフラ整備に始まり、欧州、アフリカや中南米にもその対象地域を広
げている。中国による BRI については多くの書籍や研究レポートが
出されているが、ここでは公的機関が分析・公表しているものとして
OECD によるレポートと米国議会調査局によるレポートを取り上げ
る。OECD が 2018 年にまとめたレポート（China's Belt and Road Initia-
tive in the Global Trade, Investment and Finance Landscape）では、新興
国のインフラ整備に関しては、世界中で膨大な額の開発資金が必要と
されるとされているなか、アジア開発銀行は 2030 年までの間に世界
中でインフラ整備に必要とされる資金額は 2600 兆円にのぼると試算
している。セクター毎の内訳は、電力供給が 56％、交通部門が 32％、
通信が 9 ％、水供給が 3 ％となっている。こうした資金は従来は西側
先進国やこれらが中心となって支えてきた世界銀行などの多国間開発

金融機関（MDBs）からの援助や融資により供給されてきた。OECD による調査は、中国の BRI によるインフラ整備資金の供給に対して世界のインフラ整備における資金供給ギャップを埋めるうえで期待する一方、BRI を構成するプロジェクトの採算性や過剰債務の懸念を指摘している。いずれにせよ中国政府だけで全ての資金供給ギャップを埋めることはできないことから、OECD 加盟国による協力が不可欠であり、資金供給に加えてガバナンスや市場経済の基礎的制度支援などを行うことが可能であるとの問題提起を行っている。

　米国の議会調査室（Congressional Research Service）が 2021 年に BRI についてまとめたレポートは OECD によるレポートよりさらに明確に BRI に対する懸念を示している。同レポートによると、BRI は、中国を中心とし、かつ、中国が支配する世界的な、インフラ、交通、貿易、生産ネットワークを発展させることをねらいとし、その中心は、インフラ、サプライチェーン、交通、テクノロジー及びファイナンスの統合であり、これらによって中国による信用供与とその通貨の利用を拡大することにある、とする。典型的には、エネルギー供給とICT、産業団地等の製造産業機能、交通分野が統合された形で実施される。2008 年から 10 年間の中国の海外向け開発供与は 46 兆円に及び、世銀による同期間の供与額にほぼ匹敵するに至っている。中国の対外投資残高は、2001 年に約 3.5 兆円で世界全体の 0.5％であったものが、2019 年には約 200 兆円で世界全体の 6％に達している。なお、この間、米国による対外投資残高は約 770 兆円で 22％と、2001 年時点の 32％から大幅に低下している。中国による開発資金供給額が世銀に並び、現時点では米国には及ばないものの、米国のシェアの低下と中国の追い上げが顕著になっているとの指摘である。中国によるこう

したプロジェクトは、通常、中国の国営金融機関が資金供給を行う。プロジェクトに必要な資金の支払いは、相手国政府に対してではなく、中国政府が自国の企業に資金を支払う。相手国政府は中国政府に対して返済をするが、その条件は無利息のような援助形式でもなく、純粋商業上の要件でもなく、多くの場合、インフラの利用権や鉱業資源などの担保がつけられている。こうした条件付き融資により、2017年にスリランカが中国に対する債務返済ができず、ハンバントタ港を運営する権利を99年間中国の港湾会社に与えるに至った。また、北アフリカのジブチにおいては当初商業リースで貸借していた土地に軍事施設が建設されるに至った。BRIは従来型のインフラ整備にとどまらない。人工衛星の打ち上げによりGPSに匹敵するナビゲーションシステムを構築しつつある点、陸路によるユーラシア大陸での交通ネットワークの構築が米国が確立したシーレーンに対する代替路となる点、そして、テクノロジーと金融ネットワークが中国の通貨やデジタル通貨の拡大を容易化している点、などがすべからく、米国が築いてきたネットワークやスタンダードの代替物になりうる、議会調査室のレポートは、こうした点について米国の立場から懸念を指摘している。OECDのレポートも米国議会調査室のレポートもいずれも、BRIは単なる開発援助行為ではなく、自国の影響力拡大のためにコストを度外視したプロジェクトによりホスト国に過剰債務を発生させ、自国のサプライチェーン・ネットワーク網の構築とシーレーン確保を図るための軍事基地の連続性ある整備ととらえ、懸念を示している。

　途上国のインフラ整備に対する支援は、個別プロジェクトの成否はさておき、新興国におけるインフラ整備資金の供給ギャップを埋めるうえでの中国と西側先進国との間の競争といった様相を呈している。

西側先進国が経済的に疲弊しつつあるなか、近い将来世界一の経済大国になることが見えている中国による経済的影響力の増大は著しい。日本にとっても東南アジア等の多くの国にインフラ整備を契機に自国の拠点を作るかのような動きは日本のシーレーン確保の点でも看過できないものであるし、米国のレポートが指摘するように交通ネットワークや都市整備とともに ICT 分野の整備を通じて途上国の情報分野に影響力を及ぼすようなことになれば対象国の独立性を確保するための対応が必要となろう。

　翻って日本では、インフラシステムの海外展開は、国内市場の成長が見込めないなかでの日本企業の成長戦略としての位置づけと支援を通じた途上国への影響力増大といった外交政策的な側面の両面から、エネルギー、交通、情報通信、生活環境等の分野で官民一体となって戦略的にプロジェクト獲得に向けて動いてきた。インフラの海外輸出というと日本では新幹線のイメージが強いが、このようにカバーする分野は広い。個別プロジェクトを受注し実施するのは民間企業だが、政府もトップセールスや政府系金融機関等による財政支援など個別プロジェクトへの側面支援などを行っている。日本政府のインフラ海外展開における特徴は「開かれたインド太平洋」の実現に向けて「質の高いインフラ整備」を進めていることである。プロジェクトの開放性、経済合理性、ホスト国の財政健全性、事業の透明性などの基準を定め、その適用を求めており、OECD や米国議会調査室レポートの懸念とも呼応する。こうした懸念を払しょくするには、日本を含む西側先進国としては、国際開発金融機関（MDBs）の資金供給力やコンサルティング能力なども活用して、「質の高いインフラ」で唱導している「開放性」を確保することを共通の目標として、複数国で協調して途上

国のインフラ整備支援に取り組むべきである。資金供給ギャップが存在することは事実であり、巨大な経済力を有する中国の資金供給力を活用すること自体を否定することはあまり現実的ではない。資金力に伴う支配力・影響力をどうコントロールするかの問題である。

　途上国支援に関して受入国と支援国との間での支援条件について透明性を高め、プロジェクトの健全性を確保するべく国際的な規範性を導入し、全ての国がそれを遵守せざるを得ない状況を作り出すことによって、資金供給ギャップを埋めつつ開発に係る緊張を緩和する方向に進むことを期待する。

　より具体的には、ホスト国の統計を整備し、投資額やプロジェクトの事業採算性における透明性を高める、プロジェクトに参入する企業や資金供給者との間のモデル協定やモデル契約を作成し順守を求める、資金供給やプロジェクト遂行においてホスト国政府との間に紛争が生じた場合の公正な紛争解決メカニズムの活用を促進する、などである。規範を作り、より多くの国に理解を求め、多国間開発金融機関（MDBs）などの国際機関においても規範化し、MDBsとの共同融資の場合にはモデル協定の利用を義務付けるなど、デファクトの基準化として普遍化を図る。MDBsのコンサルティング機能を使って、受け入れ側のホスト国の統計や制度の透明性の向上を図ることも同時に行うべきである。いずれにせよ資金供給ギャップについては、日本を含め単独の国で供給できる額ではないことは明らかである。OECD加盟国など西側先進国が共通の基準に基づき透明性を確保したうえで支援を行い、共に支えることが望ましい。

　また、こうしたプロジェクトに係る条件の明確化を通じた透明性の確保は、日本政府及び日本企業が関与する新興国における開発プロジ

ェクトの獲得や円滑な履行を確保するうえで実務面においても望ましい。ホスト国政府や関係者との契約等における権利義務や条件の明確化、ホスト国政府との間に紛争が生じた場合に投資仲裁などの紛争解決メカニズムの迅速化・合理化など、ソフト面でのサポートとして有効である。

● **開放性ネットワークの濫用と外部環境依存のリスク**　ところで、こうした経済的影響力の変化というのは近年急速に取り上げられるようになったように思うが、もともと予想できたことではないだろうか。第2次世界大戦後、日本は奇跡的な経済成長を果たした。著者が学生だった頃は、戦後からの復興に向けて、技術開発や海外からの技術の導入に励み、日本国民が一致団結して経済発展に貢献してきた結果であると教えられてきたように思う。だが、奇跡的な経済成長を果たす国はその後もアジアで多数出てくる。第二次世界大戦後の日本には、欧州に対するのと同様に米国が復興資金を供与するとともに、巨大な国内市場を開放した。日本はこの環境を最大限に生かして経済成長を成し遂げた。巨大な市場が提供され、比較的安価な労働力によってある程度以上の規模で製造品を供給できる国家が、市場に参画してからその国の相対的な労働力価格が競争力を失うまでの期間、奇跡的な経済成長をとげるのはある程度自明の理なのではないか、と思う。また、為替環境がこれに影響を与えることはいうまでもない。従って、為替環境の比較優位を失って以来の日本が製造機能の海外流出を伴って長期の経済停滞に陥るのは、ある意味必然であったことのように思われる。そしてその一方で、米国や日本の企業がコスト優位を目指して製造現場を移してきた中国や東南アジアで奇跡的な経済成長が実現しているのも自然な流れである。

　中国は共産主義国家だが、市場経済を取り入れ世界経済における市場経済システムの最大の受益者として経済的巨人になった国である。外交青書や防衛白書において詳しく記述されているように軍事面での拡大急速が懸念されていることに加え、中国の存在感の増大に関連して摩擦が生じるのは、西側先進国が築いてきた開放性の経済システムの最大の受益者でありながら自国は都合の良い部分しか開放しないこと、国際機関での意思決定メカニズムの構築において経済規模を反映した影響力を求める一方で途上国としてのメリットを手放さないこと、資源エネルギーの確保などの点において自国の利益優先で他国の懸念に理解を示さないこと、そして言語障壁も含め外から意思決定プロセスが見えにくいことではないかと思う。中国自身が欧米諸国が築いた開放性ネットワークの最大の受益者であり、また、米国経済自体も便益を受けていることは事実である。民主主義体制であれ他の体制であれ、国家が国家として成立するのは安定した統治機構が機能する限りにおいてであり、体制の如何を問わず自国の経済状況が体制の安定の前提条件であることに変わりはない。従って、東西冷戦時代のように経済が東西ブロックに分かれることは双方の経済に多大な影響を及ぼすことからただちには想定しにくいが、経済的影響力の政治的軍事的目的での行使への懸念がより深刻になれば、開放性システムの修正がなされる可能性もないとは言い切れない。その時には、日本ももちろん多大な影響を受けるだろう。数年前までイランは日本の最大の石油輸入先の一つであった。しかし、核開発疑惑に基づく国連制裁の一環として同国からの石油の輸入禁止が求められたことに伴い、現在輸入量は激減している。経済活動は国際政治の影響を必ず受ける。

　日本がすべきことは、国境を越えた開放型の市場経済を維持しつ

つ、リスク・マネジメントの発想で、他国の支配力や影響力の行使にも利用される可能性があるとの前提でまずは自国を守るために国内の制度の見直しを行うこと、サーキットブレイカーのようなものを組み込んでおくことではないか。他国が導入している法制度なども参考に、為替変動や資本移動等の急激な変化による日本経済への悪影響を緩和する、重要インフラへの他国による支配力行使の可能性を排除する、我が国領土を形成する固有の資産である土地等への外国資本等の支配力行使に対して制限を設けるなどである。

　国際社会における影響力というのは技術力や情報力、国家の運営能力などを背景とした軍事力や経済力などからなる総合的なもので、単に法規範を定め国際枠組みを作れば期待したように機能するわけではないことはすでに見てきた通りだが、一方ではグローバル化の進んだ現在において、影響力の源泉となる技術力、情報力、経済力などの源泉が国境を越えた活動で繋がることを前提としていることも事実である。従って、日本が目指すべき方向性は各国の国内法と国際的な枠組みを適切に機能させることによって、あるべき国際社会の姿を共有する国々と公正で開放的な国際秩序が維持できるように開放性ネットワークの濫用を許さない仕組みを機能させるべく務めることではないか。

● **日本で読む世界史とヨーロッパで読む世界史は異なる**　距離を置いてみると違ったものが見えてくる、という点では、日本で政策立案がなされ思ったような効果が出ない場合には、日本が自分たちだけの努力で問題が解決できる──システムが自己完結している──との前提に知らず知らずのうちに依拠していることも一因なのではないか。極論すれば日本の外交も日本経済も、ある意味お釈迦様の掌の上の孫悟空のようなものではないか。それぞれが全力を尽くしているのだ

が、そもそもの前提条件が別のところで決められているので、課題を
解決しようと行動しても外部環境に影響を与えることはほとんどでき
ず、その結果、何もかわらない。

　日本人が考える日本の歴史では、日本は、植民地支配の時代におい
て、欧米列強の植民地主義の犠牲にならず、アジアで真っ先に近代化
を成し遂げ先進国の仲間入りをした国であり、一方、西洋の植民地主
義に対して「「大東亜共栄圏」という命題を掲げて挑み敗北した国とい
うイメージである。また、敗戦後もその驚異的な努力により「奇跡的
な経済成長を成し遂げ復興した国」という自己イメージが形成されて
きた。しかし、例えばこれをヨーロッパから見るとまた違った姿とな
る。産業革命を成し遂げ、技術優位を確立した航海技術を背景に海外
市場（植民地）を切り開き、自国の制度や文化によってこうした植民地
を啓蒙してきたところ、欧州の国家間のパワーバランスの崩壊による
戦争に勢力を費やしている間に、アジア地域において周辺国を植民地
として自国を中心とした帝国をつくりだそうとした地球の裏側の異文
化の国である。そして戦後は欧州と同様に米国から復興資金の供給を
受け西側陣営の一員として対共産圏ブロックを形成した国、となる。
戦後は、外交・安全保障においては平和憲法と日米安保協定の下に米
国の傘のもとにあり、経済成長で瞬間的にはGDPで米国と肩を並べ
るまでに至ったが、米国による為替条件の変更の影響を受け、長期間
にわたる経済低迷に苦しみ、現在は社会的価値観の制約から少子高齢
化となっても移民もいれず、不況から抜けられない将来性のない国と
いうイメージである。そして、近年では急拡大する隣国の影響をどの
ようにかわせるのか、という目で見られている。安全保障と経済をそ
れぞれ相互に対立する国に依存するようなことは長くは続かない。

　安全保障であれ、経済政策であれ、全てが外的環境に大きく依存している状況をより明確に認識して、より多くのリソースを海外の情勢をモニタリングすることに使い、そうした外部環境にどのように影響力を及ぼし得るかを考えるべきではないか。そして分野横断的に継続的にリスクを検討することができる組織をつくり意志決定権者をサポートする体制を強化することが望ましいのではないだろうか。

　さて、カズオ・イシグロ氏のインタビューに戻る。ナチスに対する宥和策に結果的に貢献した人々に対するアイロニーが物語の背骨となるテーマとのことだった。個々の企業や個人は与えられた環境の中で最善を尽くしているに過ぎない。そのことをその時点で非難することは困難だろう。だからこそ、少し離れた距離から客観性をもって、そして少し長いスパンで見る観点を持つ必要がある。

◆*13*　デジタル化と英語

● **初めてのネットサーフィンとCRS**　著者個人のインターネットとの出会いは1995年にさかのぼる。当時、米国政府との交換プログラムでワシントンDCの政府機関（連邦運輸省）に在籍することとなった。その時に個室オフィスを割り当てられたのも感動したが、初めてPCを1台割り当てられることとなった。そこで初めて、Netscapeでインターネットサーフィンを経験した。また、PCを使ったことがないというと、トレーニングを受けさせてくれた。役所のビルの地下に巨大なトレーニングセンターがあり、トレーニング用途のみのPCが数十台ならんでいたのが圧巻だった。当時霞が関ではまだワープロが一人1台支給されていた段階だったので彼我の差に圧倒されたのをよ

く覚えている。米国ではネット上でかなり情報公開が進んでいたことも印象的だった。

　米国運輸省に行ったのは、米国で先行していた航空産業の規制緩和の影響について調査しレポートをまとめるためだった。運輸省の方にお世話になって、省内の担当部局の方々や米国の航空会社幹部、議会スタッフ、労働組合事務局などを紹介していただきインタビューをして回った。つたない英語に付き合ってくださった方々に本当に感謝している。米国では1970年代後半からの規制緩和によって、従来の大西洋線を中心とした国際線がパンナム、国内線がアメリカンなどと決められた区分が取り払われ、国際線の競争が激化してパンナムが倒産に至る一方、アメリカン航空などが国内線ネットワークからの収益を国際線に振り向け優位に立つなどといった変化が生じていた。また、国内線の中でもいわゆるハブ・アンド・スポーク型ネットワーク形成による各エアラインのハブ空港のすみわけが進行する一方で新興のサウスウエスト航空が、中型機でハブ・アンド・スポークの真逆の戦略を取ることによって業績を伸ばしていた。いずれもテキサス州にあるアメリカン航空とサウスウエスト航空の両方の本社を訪問する機会を得たのだが、典型的なアメリカの大企業といった風情のアメリカン航空と新興ベンチャー企業の雰囲気漂うサウスウエスト航空の対比が非常に面白かった。調査を進めるなかで、とても興味深い発見があった。コンピューター予約システム（Computer Reservation System (CRS)）の発展と公正取引委員会による監視の動きだった。航空市場が規制緩和され、運賃設定の自由度が高まるとエアライン各社はチケットの販売時期や時間帯などによって運賃設定を変更し、収益を最大化するよう工夫をしていた。いわゆるイールド・マネジメントであ

る。今では普通に行われているが、以前は交通機関の運賃は政府の認可を受けて一定額に定められていた。これを、早く予約すれば安い運賃で購入できるようにし、また、需要の相対的に低い時間帯や日は安い運賃設定にして需要を喚起することで、総収入を増大させる手法だった。この手法は、コンピューターによる検索・予約システムの存在を前提としていて、アメリカン航空が自社システムとしてつくったSavor（セイバー）というシステムを他のエアラインにも開放し、共通の航空券予約システムとして機能するようになっていたのだが、旅行会社が検索条件を入力してチケットを探す際に、自社チケットが選択されやすいように上位に表示されるよう設計されていると独禁当局の指摘がなされていたのである。現在のデジタル・マーケティングでいうところのサーチ・エンジン・オプティマイゼーション（SEO）のようなものである。1995年当時から萌芽があったのだ。コンピューターシステムをいち早く開発していたアメリカン航空が、情報を広く集め、整理することに成功し、かつそれを自社に有利に利用することが可能となっていた。現在も、アマゾンやグーグルなど先行して発展してきたデジタル企業に、後発はなかなか追いつくことができない。全く異なるサービスを考案するなどビジネスモデルの差別化を図らない限り、システム投資の蓄積を後から追い抜くことは相当難しそうだ。デジタルにより社会を変えるに至っている企業は、技術自体が画期的なものであるというよりも、情報を「集め、整理し、活用する」という「やり方」の変化を通じて、利用者との接点において提供可能なサービスを進化させたり多様化させたりしたことが画期的なのではないかと思う。この情報（データ）を数多く集め、整理分析するという点について、アメリカ企業は基本行動として根付いているように思うのだ

が、なぜか日本ではあまり関心を持つ人が少ないように思う。

● **ビッグ・データの可能性**　資本主義対共産主義の冷戦は、1991年のソ連邦解体によって１つの解が出されたと受け止められている。全ての経済活動を中央でコントロールする共産主義の統制経済には無理があった、ということだ。改革開放で共産主義と自由経済を両立させている中国が経済的に急伸し、世界経済のみならず政治的にも影響力をましていることも、自由主義経済の優位を証明しているように見える。一方で、東西冷戦時には存在しなかった、大量のデータを取得し分析する能力は、グローバル企業のロジスティックス能力やマーケティング能力を支える形で進化している。政府においてもビッグ・データを活用することによって、社会保障システムの改善や経済政策用の資源の最適配分がより容易になるかもしれない。一国のなかに留まらず、国際法の世界でも履行確保が困難であった部分について技術やデータを活用することにより履行確保を支援することができるかもしれない。例えば、地球温暖化問題であれば、条約上は自己申告制を採用せざるを得ないとしても、化石燃料の国際間輸送量については民間データがあるし、自国内での産出量も衛星からのモニタリング等を通じて、推計量を算出し、検証していくことができるかもしれない。今や世の中にデータは十分にある。外部データを用いることについての正統性をどう捉えるかの問題は残るが一歩前進にはなるだろう。

● **デジタル・マーケティングと民主主義**　デジタルの影響は日常生活を便利にするだけではない。デジタル・マーケティングの行きつくところは、個人個人にテーラーメイドされた情報を伝達することにより購買行動につなげることだが、デジタルが影響を行使できるのは購買行動だけではない。個々人に関する情報を蓄積し、提供する情報

を意図的に操作し、行動変容を促すマーケティング手法は、他の行動変容を促すことにもつなげることが可能である。作家のユバル・ハラリ氏が「21 lessons for the 21ˢᵗ century」のなかで、民主主義とは有権者に政策選択を求めるものではなく、実際のところ個々人の気分を問うているものである、といった趣旨のことをいっている。現在の経済政策や安全保障策など複雑であるし、そもそも一般の有権者に対して個々の政策判断に必要な情報が十分に提供されているわけではない。「XX は何となくいや」「XX の方向に行ってほしい」といった個々人の気分の集約が選挙結果に表れる。なんとなくの「好感度」で選挙結果が決まる環境で、デジタル・マーケティングはこれに大きな影響を与えることが現実には可能だろう。人を選ぶのか、実現してほしい政策の結果（「政策」ではない。）を選ぶのか、国民の政治的意思決定のありかたが、今後影響をうけるのかもしれない。

🔵 インターネットと英語

グーテンベルクの活版印刷技術によって聖書が一般の人たちにいきわたるようになり、教会の権威の失墜と宗教改革に結びついたといわれるが、インターネットはグーテンベルグによる活版印刷術の発明につぐ情報技術革命であるといわれる。それは情報の民主化である。一方、インターネットを含め国境を越えて情報を求めたり、コミュニケーションをとる場合、日本人にとって大きなハードルが言語である。

世界中の言語の話者の数のランキングがある。第 1 言語としての話者の数と第 2 言語としての話者の数を足した数のランキングとなっている。1 位は断トツで英語。2 位は中国語。以下、スペイン語やフランス語、ロシア語など国連公用語が並ぶ。日本語は約 1 億 2600 万人で 10 位になっている。日本国民の人口がそれ相応に大きいので 10 位

についているが、他の言語と異なり特徴的なのは第2言語としての話者が極端に少ないことだ。世界の中で日本語を公用語としているのは日本だけで、第2言語として通用している国も少ない。国境を越えて母国語でコミュニケーションをとることが極めて難しいのである。また、第1言語が英語でなくとも、北欧など自国の人口が大きくない国で高等教育を受けている人たちは母国語で大学のテキストがなく英語のテキストで代替しているところもあるので、英語が堪能であったりするのだが、日本の場合、日本語だけで完結できるだけの規模があるため、かえって言語の国際化が進まない。結果、日本人の英語でのコミュニケーション能力の低さは有名となっている。このことは、日本人が思っている以上に、重要な問題ではないかと思う。

　世界のインターネット上のコンテンツの6割以上が英語だとされている。英語で読み書きができれば世界中で流通しているかなりの量の情報にアクセスでき、それができるかどうかで大きな情報格差が生じる。ロンドンで働いていた時、英語圏の政府の人たちが政府間で常日ごろから実に気軽に連絡を取り合っていて情報共有していたのを見て、政府間で公式に通訳や翻訳を通してコミュニケーションを取らざるを得ない状況との差を感じた。日本でももちろん霞が関の一部の部局は直接英語でコミュニケーションをとっているのだが、どちらかというと少数派だ。明治時代のように外交官や貿易に従事する一部の人たちだけが外国とかかわりを持つ時代とは違うのである。例えば、日本の47都道府県のなかで、1県だけ方言だけで生活し、標準語を解するのがごく限られた人たちしかいない県があったとしよう。どう思うだろうか。入手する情報の量と質、調整の容易さ、情報発信による影響力行使の各面において圧倒的に不利なのは明らかだ。第2言語を英

語にするくらいの意識で、誰でも英語でコミュニケーションが取れる
ようにすべきだと思う。これは内外の情報格差をなくすという意味で
極めて重要だと思うからだ。一方、インド人の元同僚によると、イン
ドではなまじ英語ができるせいで、優秀なインド人は海外に働きに行
ってしまい頭脳流出（Brain Drain）が大きな問題になっているという。
グローバルに働くことができる人は、その分働く場所を選ぶこともで
きる、ということなのだろうと思う。そうだとすると日本のために働
きたい、という動機づけが必要になってくる。より魅力的な仕事、働
きやすい環境を作り出さないといけない。それは、日本社会全体にと
ってもよいことのように思う。

◆ *14*　国際機関の理想と現実

● **加盟国の影響力──拠出金の多寡と発言力**　　活動資金がなくては
いかなる組織も活動はできないが、国際機関の場合は加盟国政府等が
支払う拠出金によって運営されている。

　米国は、特に共和党政権の時には、国際機関が自国の意向に沿わな
いときに、よく拠出金の支払いを止める、または脱退するといって他
の国やメディアから非難される。強大なアメリカのわがままだという
報道のされ方が一般的だが、実際にはそんな単純な問題ではない。加
盟国数の増加と機関の運営に必要なコスト負担の関係は、深刻な構造
的問題であると著者は考える。

　たいていの国際機関は加盟国の GDP などの経済規模や事業活動の
規模をもとに加盟国政府が支払う。従って米国が加盟している国際機
関では米国が最大拠出国となっており、日本や中国、欧州の比較的大

きな国——ドイツ、英国、フランスなどが続く。日本は長らく拠出金額
において2番目の地位を占めてきたが、最近では、飛躍的な経済成長
を経て中国が2番目の地位を占めつつある。これらの10に満たない
数の国の拠出金で資金の大半が賄われていることが多いが、加盟国数
は増えるばかりなので、ごく少数の国の負担で大多数の国の利益のた
めの活動費を支払っている。一方、国際機関の意思決定の仕組みは、
いかなる経済規模の国であっても主権国の平等といった考えのもと、
各国同じく1票の投票権が保障されている。（世銀グループの機関の意
思決定では、出資比率に応じた投票権方式が導入されている。）国連だと
190か国を超える加盟国があるが、日本の市町村規模の人口や経済規
模でも1国である。そして先にも述べたが、国際機関に加盟したとし
ても条約履行能力を欠いていることもある。そういった「途上国」の
方が圧倒的に大多数である。

　拠出金を支払うことだけがすべてではないが、加盟国政府が支払う
拠出金はそれぞれの国の政府の予算編成過程を経て支出されるもので
あるし民主主義国家であればなおさら予算の支出が自国の利益にかな
うものになっているのか自国民の国内政治上のプレッシャーもある。
また、実際には多額の拠出金を支払っている国が組織運営上の技術的
な面でも国際機関を支えていることが多い。高等教育を受けて大組織
で働いたことがある経験を持つ人材の数がそもそも違うのだから当然
の結果なのかもしれない。2030年前後にGDPにおいて中国が米国を
抜くとの予測がなされており、第2次世界大戦後に米国が中心となっ
て築いた国連システムと世銀システムが、その際にどのような変容を
遂げるのか、1つの時代の節目を迎えるように思う。

● **国際機関と日本人職員**　　国際機関というとメディアによく出て

くるのは国連の PKO 活動のような武力紛争関係の仕事や世銀などの途上国の開発支援に関する仕事が多い。しかし、グローバル化が進み経済社会が国境を越えて密接に関与しあっている現代社会において、国境を越える経済活動の共通のルールを策定する技術専門的な国際機関や途上国の開発を含め各国の経済基盤を支える金融機関等の役割は非常に大きい。国際労働機関（ILO）、国際海事機関（IMO）、国際航空機関（ICAO）、世界通信機構（ITU）、世界知的所有権機関（WIPO）などの国連専門機関、国際通貨基金（IMF）や世界貿易機関（WTO）のような関連機関などである。国際原子力機関（IAEA）や化学兵器禁止機構（OPCW）などは安全保障の確保を図る技術的専門的な組織である。これらの国際機関で策定される国際ルールは、加盟国各国で適用される。そして、これらの国際機関事務局は現場でのオペレーションもあるが、仕事の大半は会議運営、文書作成と調整などのいわゆるホワイトカラーの仕事である。

　国際機関に日本人職員を増やすべきとの議論のなかで、英仏2か国語が必要など言語の壁の話がよく出てくるが、2か国語ができるかどうかよりも、担当する分野で世界最高水準の専門家の人たちと働くことになるので、それができるプロフェッショナルであることの方がより重要ではないかと思う。

　基金に勤務していた頃、他の国連機関に勤めるC国の幹部職員から「あなたは自国政府に戻らないのか？」と聞かれることがあった。彼らいわく、「自分の国では国際機関勤務経験者は必ず政府に戻る。人材として貴重だからだ。」とのこと。彼らは2、3年といった短い期間ではなく、もう少し長期間国際機関にいて、幹部として知見を蓄積し加盟国中に人的ネットワークを構築してから自国政府に戻る。そして

国際機関勤務中は、途上国支援の業務などを通じて途上国の味方を作っているようにみえた。国際機関で働く人材育成についても、彼らは長期的なスパンでその分野の専門家を育てているようで、国際機関への職員の派遣を国家として戦略的に行っているように感じられた。国家として有用な人材育成を行うと同時に、国家の外交政策にきちんと組み込まれており、学ぶべきところは多い。

　また、著者は個人的な経験として、日本政府で働くのと異なる立場で働くことによって、立場によって入ってくる情報が異なることを経験した。日本政府職員にはその立場に応じた情報が入ってくるし、日本企業もまたしかりである。国際機関には、その立場に応じた情報が入ってくる。著者自身は、少し大げさな言い方になるが、立場が変わって少し世界の見え方が変わったように思う。著者自身は限られた期間の限られた経験でしかないが、日本人のもっと優秀で有望な人材が様々な国際機関で経験を積むことによって多様な視点を持つ人材育成を図ることは、国際機関で働く日本人を増やすといった数値目標達成以上の価値があるように思う。

参考：国際機関のポストと日本政府からの派遣

　国際機関で働く日本人職員は、それぞれの国際機関に就職した職員と日本政府の各省庁から派遣される者とからなる。日本政府から国際機関へ派遣されている公務員は、ここ数年は 300 人前後で推移している。派遣先は国連システムや世銀グループの機関への派遣が 131 人、経済協力開発機構（OECD）やアジア開発銀行（ADB）などの地域開発金融機関への派遣が 117 人などとなっている。個別機関ごとに見ると、多い順に、OECD 38 人、ADB 27 人、国際通貨基金（IMF）22 人、世界知的所有権機構（WIPO）17 人、国際原子力機関（IAEA）12 人、

となっている。なお、令和元年度（2019年度）に新規に国際機関に派遣された職員の省庁別の数は、多い順に、財務省（35人）、国土交通省（海上保安庁および気象庁を含む。）（15人）、経済産業省（特許庁を含む）14人、農水省（林野庁を含む）14人となっている。（以上、人事院月報（2021年1月号）より）

エピソード：国際機関職員の処遇──高学歴で不安定な仕事

　基金で働いている間、何度か面接をする機会があった。基金は国連システムに沿っているので、職員のカテゴリーは、SG（事務局長）やD（Director：部長級）以上、P（Professional：専門職）、L（Local：非専門職）に分かれており、P以上が国際採用、Lがローカル採用となっている。国際採用の場合は、国境を越えて採用活動をすることになる（ちなみに、リーガル・カウンセルはDクラスであった）。他の機関同様に、Economistなどの雑誌に幹部職員募集の案内を出し、国連の募集システムに登録すると同時に基金のウェブサイト等でも募集広告をする。

　国際機関職員は修士以上の学歴を持っていなければ募集要件にそもそも合致しないし、言語も2か国以上使えることが推奨される。かなり要求水準が高いのだが、昨今では、国際機関を支えてきた先進国政府の財政が厳しいことから、いずこも処遇の見直しをしたり、正職員の採用を凍結して2年程度の契約社員の更新でスタッフを確保しているところが多く、彼らの求職活動は気の毒なほどハードである。専門知識や経験に基づいて採用されるので、期間満了後に転職するとしても同じ知識・経験を必要とする組織を探さなければならない。同じ組織内で探したいのは誰も同じだが、空席ポストが出ない限りその希望もかなわない。

　基金の事務局では、事務局の人数が少ないせいもあり、実質一緒に仕事ができるか、という観点で人選をしていた。4,5人の幹部メンバーで最終面接をするのだが、面白いことに、国も文化も違えど人物に対する評価は大体同じ結論に落ち着くことが多かった。「彼（彼女）は

CV（Caricurum Vitae：履歴書のこと）にはいろいろ書いているけど、実際に本人が貢献した部分は少なかったんじゃないか。話が一般的すぎる。」「何らかの理由でロンドンで仕事を探しているんだろうけど、彼女が希望している仕事と募集している内容は違うよね。採用するのなら長く続けてもらいたいから、すぐにやめるかもしれない人より、ベストではないかもしれないけど、こちらの人の方が定着しそうな気がする。」「彼は自分が務めている大企業文化に誇りを持っていて、自分が正しい！って感じでトラブル起しそうだなあ」などなど。小さな事務局なので他の職員との相性も考慮する。ちなみに、それぞれ分担して質問をするのだが、一番、候補者の人柄とプロフェッショナリズムが理解できたのは「XXX といった状況下で XXX といった失敗が判明しました。あなたはどういう行動をとりますか？」や「あなたの今までの失敗について語ってください。それから何を学びましたか。」というものだった。正直さはいずこの文化でも価値があるのだ。文化は違えど人の評価は同じ方向に収れんするのはおもしろいと思う。

● **国際機関の誘致**　少し手法は異なるが、日本人の国際機関職員を増やし、機関の意思決定において影響力を増す方法として別の方法もある。国際機関の本部を誘致するのである。国連はニューヨークとジュネーブにそれぞれ本部をもつ。世銀グループはワシントン DC にあるが、地域開発銀行は、欧州開発銀行が英国ロンドンに、アジア開銀がフィリピンのマニラに、米州開発銀行は同じくワシントン DC にある。このほか国連専門機関がジュネーブ、ロンドン、パリその他世界各都市に存在している。中国が設立したアジアインフラ投資銀行（AIIB）は北京にある。日本には国連大学が東京の青山にあるほか、専門機関の地域事務所を置いたりしているが、毎年総会等の大規模な会議が開催されるような機関が見当たらない。国際機関本部の受け入れ国になると、外務省や担当省庁を中心としてその機関の事務局とのコミュニケーションは格段に良くなる。本著の前半に書いたように、著

者自身、英国にある国際機関勤務時代、英国政府の外務省や運輸省にはしょっちゅう相談した。また、国際機関を誘致するということは、会議開催に必要な翻訳機能や各国代表団の居住・宿泊施設、多国籍となる事務局職員の家族も含めた生活環境が整うことが必要となり、否が応でも都市が国際化する。ちなみに、本部が存在する都市によって、事務局職員にとっての国際機関の人気ランキングは大きく変わる。ニューヨーク、ジュネーブ、ロンドンはどの国籍の人にとっても、家族の生活環境や特に子供の教育環境という点で人気が高いそうだ。東京や他の日本の地域でもそういった都市が出てきて初めて国際化したといえるのではないかと思う。アジア開発銀行（ADB）はトップは日本人だがフィリピンのマニラに本部を置いている。経緯があってのことだと思うが、もし移転の機会があれば東京にあってもよいように思うし、今後国際機関が設立される場合には、積極的に誘致を図るべきではないかと思う。ちなみに、他の国を見ていると、国際機関誘致にあたって一等地を差し出しているとは思えない。どちらかというと国際機関誘致に際して比較的未利用地域の再開発を行い地域活性化を行っているようである。一石二鳥ではないかと思う。

● **国際枠組みを動かす——日本にとっての国際機関の意義**　経済社会分野の国際機関の機能はテクニカルで、そこで働くには専門知識が必要だ。トップのポジションを取ることも重要だが、中堅や幹部クラスを抑えて実質的に国際枠組みを動かすことも重要だと思う。

　国際機関のトップは選挙で選ばれるので目立つが、トップでなくとも幹部職員や重要なポストの管理職であれば、知見と情報量においては十分であるし、政治任用のトップよりも詳しい場合もある。当該機関のガバナンスや制度枠組みをよく理解して自国に有利に活用したい

なら、トップの選挙だけでなく、幹部職員も抑えて、仮にトップの座を日本が得たときに、機能しやすい環境を作っておくことも重要ではないかと思う。逆に、事務局長選挙の時だけ必死になって、そのあとは無関心、ということでは、期待した効果は得られない。

　国際機関との関わりで重要なのは、個々の人材の質と組織としてのルール形成能力ではないかと思う。事務局長ポストを取る等はそのなかの戦術に過ぎない。国際機関職員、政府代表、方向性を共有する国との連携で共有するアジェンダを実現していく戦略が必要である。国際社会の中での日本の存在感をしめすべき、との議論があるが、そうした戦略が功を奏せば自然と存在感も出る。そういった意味で、国際機関の幹部もさることながら、むしろより重要なのは加盟国政府代表団の役割である。継続的に議論をフォローし、グローバルに議論されている課題のコンテクストを理解し、自国の課題をグローバルなコンテクストで国際社会共通の課題化をする能力が求められるのではないかと思う。グローバル化、専門化が進む中でそれぞれの分野においてアイデアを出し、各国政府と交渉する組織的能力を向上させるためには、国内では政府内各省庁間の協力が重要であるし、政府外の学会やシンクタンク等の有識者の知見や民間企業の経済活動の実務上の情報も踏まえたチームで対応することが必要である。そして日本にとって最も重要なのは、その国際機関を通して、自国のどのようなアジェンダを国際社会普遍のルールとして実現したいのか明確なビジョンを持つことではないかと思う。

◆ *15* 国際社会と法の支配

　社会のデジタル化の進展もあいまって、人、モノ、情報が間断なく国境を越えて移動する社会に21世紀の我々は生きている。我々の日常生活でもサイバー攻撃のニュースに日々接しているし、開放性の市場経済システムのもとで緊密に張り巡らされたネットワークのもとに発展した国際経済は、他国の行動に影響されやすくその開放性ゆえに脆弱性にさらされるという現実に直面している。また、地球温暖化問題などは、このまま新興国が化石燃料を使用して経済発展を続けるとその影響は国境を越えて甚大である。

　国際法というのは、ヨーロッパの国家間で同質な他者間で紳士協定のような形で成立し発展してきたのではないかと思う。そして今日においてもその流れを汲み、各国の主権の尊重という原則のもと、それは例えば国内法と比較すると法規範としては性善説に拠っており、司法的紛争解決メカニズムがあったとしてもその履行を強制するメカニズムがないという点で、法規範としての制約を前提として受けいれている世界である。しかしながら、相対的に小さくなった地球で、他国に行動変容を求める場面は増えている。

　グローバル化が進み、経済社会活動が国境を越えて緊密に絡み合う形になっている現在においては、それぞれの国が国際社会の変動の影響をより大きく受けるが、とりわけ安全保障を外国に依存しており、エネルギー資源の大半を海外から輸入せざるを得ず、また国際貿易を通じて経済の基盤を築いてきた日本においては、外部環境の変化による影響は極めて大きい。海外の変化に対するリスクに他の国以上に敏感であることが必要であり、日本が相対的に経済的影響力を失ってい

基金勤務時代の週末

く国際環境の変化のなかで、緻密ではあるが部分最適に陥りがちな議論ではなく、自国を相対化して客観的、鳥瞰図的な分析を継続的に行う必要があるのではないかと思う。日本はこれまで国際社会のパワーバランスの中で幸運な環境を享受してきた。第二次大戦の終結を悲惨な形で終えた一方、戦後はいわば「勝ち組」のメンバーに組み入れられ、「勝ち組」が作った多国間及び二国間の安全保障枠組みや国際経済枠組みの俎上で、軽い軍事負担と経済発展を享受してきた。所与のものとして気付かずに享受してきた環境が変わりつつあるなかで、自国の主権と国際社会の安定的な発展を支える国際環境や国際枠組みの仕組化を図っておかなければならないのではないか、そしてそのための人材育成が何にもまして重要なのではないか、というのが本著の結論である。データと客観的な事実を踏まえた合理的な思考ができ、英語で海外の人たちと実質的な議論を行うことできる人材の数を大幅に増やし、密室での交渉ではなく安定した制度によって予見可能性の高い国際社会をつくることに貢献することが日本にとって望ましいのではないだろうか。

　13世紀の英国で「法の支配」は専横的な力の行使を抑制する概念として誕生した。「法の支配」は時代を超えて、弱い立場の者を守るためにある。

あとがき

　まえがきにも書いたように、本著を書くことを思いついたのはまだロンドンで働いていた時、お会いした弁護士の方々や国際法の研究者の方々から、「国際法の実務をしているひとはめずらしい。何か書いてもらえませんか。」といっていただいたことがきっかけである。その後なかなか時間が取れずにいたのだが、今回ようやく完成に至ったのは、くしくもコロナのためである。1年以上にわたって移動や社会活動が制約され、年末年始や夏休み、平日夜も自宅にいることとなった。これだけまとまった時間を自宅で過ごすことになったのは社会人になって以来初めてである。そして、ようやく本を完成することになった。

　言語の壁もあって、日本では国際機関で働くことが何か遠いことの様に感じられがちで、国連やその専門機関では日本人職員は常に「望ましい水準」の人数に至っていない。しかし、経済社会活動のあらゆる面で海外と無縁でいることが難しい現在、国際機関で策定された国際枠組みは私たちの経済社会活動の基盤の一部をなしているし、日本の企業にいても外国人と一緒に働くことは当たり前になりつつある。真面目に仕事をする日本人職員は、国際機関で働いても信頼を得て活躍できると思うし、数が多ければその分働きやすくもなる。できるだけ国際機関で働くことに対する心理的なハードルが下がるように、仕事の具体的なイメージがわくように書き、また、あまり堅苦しくならないように日々のエピソードもいれたつもりである。各国間の深刻な利害の対立もあり、ここに書いていないことも多いが、国際機関で働

くことのみならず、国際法の実務に携わる仕事は、ここに書いたよりもさらに知的刺激に充ちていてやりがいのある仕事であることを最後に記しておきたい。多くの方々に関心を持っていただければ幸いである。

　今回、本著を出版するに至るまでには長い経緯がある。この間、本当にたくさんの方々にお世話になった。この場をお借りして御礼を申し上げたい。

　一公務員に過ぎない著者が初めてまとまった文章を発表したのは、国土交通政策研究所に在籍した 2007 年に、それまでに担当した IMO や ILO の条約等についてまとめて書いたことに遡る。その際、東京大学の中谷和弘教授にご指導をいただき、以後も学術誌への寄稿の機会をいただくなど折に触れ国際法の世界への窓を開いていただいた。また、IMO の会議では、政府代表団の顧問として文中に記載した篠村義夫氏や谷川久氏に加えて、東京大学の落合誠一教授（当時）や同藤田友敬教授にご指導いただいた。ILO については東京学芸大学の野川忍教授にご指導いただいた。

　基金で一緒に働いた上司や同僚たち、議長をはじめとする加盟国代表の方たち、IMO など国際機関の方たちや FCO をはじめとするホスト国英国政府の方たち、そしてリーガル・アドバイザーの Dan Sarooshi 教授と Rosalie Balkin 博士など、基金勤務時代には数多くの方々にお世話になった。

　国土交通省の上司、同僚、部下などお世話になった方々は数知れず個別にお名前をあげることは難しいのだが、本著の関係で挙げさせていただく。元国土交通審議官で笹川平和財団会長を務められた羽生次郎氏には IMO はじめ国土交通省分野での国際問題への関わりについ

て幅広い見識から多々ご示唆をいただいた。同じく元事務次官で運輸総合研究所会長兼国際高速鉄道協会（IHRA）会長の宿利正文氏にはアジア地域のインフラ整備に関して内外で主催するワークショップに参加させていただくなど見識を深める機会を多々いただいた。元国土交通省海事局長でIOPCFの監査委員会議長を務められた春成誠氏には本著の草稿に目を通していただき大変貴重なコメントをいただいた。

防衛大学校准教授の石井由梨佳氏には法律面を中心として大変貴重なコメントをいただいた。海外事情や国際ビジネスについて折りに触れ見識を広める機会をくださった方々を含めお世話になった方々に心より感謝申し上げる。

励ましてくれた友人たちにも感謝している。また、本著を短期間になんとかまとめ上げることができたのは、信山社の稲葉文子さん、今井守さんお二人の常に的確でかつ温かい励ましのおかげである。

そして最後に、黙々とパソコンに向かう妻をいつも文句ひとつ言わずに見守ってくれた夫昇に感謝の辞を捧げたい。

<h1 style="text-align:center">【参考文献・資料】</h1>

◆ 第Ⅰ部

- 『国際法』（山本草二：有斐閣）
- 『国際法』（岩沢雄二：東京大学出版会）
- International Law（by Malcom Evans : Oxford University Press）
- The Law of the Sea（by R.R Churchill /A.V. Lowe : Juris Publishing, Inc.）
- Modern Treaty Law and Practice（by Anthony Aust : Cambridge University Press）
- Principles of the Institutional law of International Organizations（by C.F. Amerasinghe : Cambridge University Press）
- Implementation of the Conventions into National Law（IOPC/OCT13/8/5）
  （URL : https://documentservices.iopcfunds.org/wp-content/themes/iopcfunds/scripts/download-document.php?doc=27244&lang=en&name=IOPC-OCT13-8-5）
- The 1971 IOPC Fund – the road to dissolution of an intergovernmental organization（by Dr. R Balkin/ Akiko Yoshida : Tulane Maritime Law Journal Vol.44）
- 「国際補償基金の清算に伴い顕在化した国際法上の課題と実務への影響について」（吉田晶子：国際法研究第9号（2021））

◆ 第Ⅱ部

- Tokyo tribunal and beyond（by Antonio Cassese : Polity）
- The report of the Chilcott committee（2017）
  （URL : https://webarchive.nationalarchives.gov.uk/20171123122743/http://www.iraqinquiry.org.uk/the-report/）
  （安保理決議の解釈に関する部分は「Section 5 'ADVICE ON THE LEGAL BASIS FOR MILITARY ACTION, NOVEMBER 2002 TO MARCH 2003'」

（URL：https://webarchive.nationalarchives.gov.uk/20171123124627/
http://www.iraqinquiry.org.uk/media/247894/the-report-of-the-iraq
-inquiry_section-50.pdf）
に詳しい。）
・ Fundamentals of American law（New York University School of Law）
・ American Legal Systems : A Resource and Reference Guide（Anderson
Pub Co）
・ English legal system（Peason）

◆ **第Ⅲ部**
・「アデン湾海域地図」国土交通省ウェブサイト
　（URL : https://www.mlit.go.jp/maritime/Senpakukeibi.html）
・「南シナ海周辺海域地図」Voice of America ウェブサイト
　（URL : https://blogs.voanews.com/state-department-news/2012/07/
31/challenging-beijing-in-the-south-china-sea/）
・「外国船舶に対する管轄権枠組みの変遷に関する研究」（吉田晶子：国土交
通政策研究（2007））
・「不拡散に関する国連安保理決議」UNSC Resolution 1929
　（URL : https://documents-dds-ny.un.org/doc/UNDOC/GEN/N10/39
6/79/PDF/N1039679.pdf）他
・ Statistical Review of World Energy 2020 | 69th edition（BP）
・「ソマリア沖アデン湾における海賊対策」UNSC Resolution 1816
　（URL : https://documents-dds-ny.un.org/doc/UNDOC/GEN/N08/36
1/77/PDF/N0836177.pdf）他
・ 南シナ海仲裁裁判判決：Permanent court of Arbitration の website に判
決本文及びその概要を記載したプレスリリースが掲載されている。
　（URL : https://pcacases.com/web/sendAttach/2086）
　PCA Case No 2013-19 IN THE MATTER OF THE SOUTH CHINA
SEA ARBITRATION‐before–An Arbitral Tribunal Constituted un-
der Annex VII to the 1982 United Nations Convention on the Law of the
Sea‐between–The Republic of the Philippines‐and–The People's Re-
public of China））
・『侮ってはならない中国』（坂元茂樹：信山社）

◆ 第IV部

- The 9/11 Commission Report（Final Report of the National Commission on Terrorist Attacks upon the United States）
- サイバーセキュリティと国際政治（土屋大洋：千倉書房）
- China's 'One Belt, One Road' Initiative：Economic Issues（Congressional Report Service：January 22, 2021）
- China's Belt and Road Initiative in the Global Trade, Investment and Finance Landscape（OECD：2020）
- 「インフラシステム海外展開戦略2025」（令和2年12月10日経協インフラ戦略会議決定）
- The Tragedy of Great Power Politics（by John J. Mearsheimer：WW Norton & Inc.）
- 21 lessons for the 21st century（by Yuval Noah Harari：Vintage）
- Rule of law（by Thom Bingham：Penguin UK）

● 索 引 ●

◆ あ 行 ◆

アデン湾 ……………………… *113*
安保理決議 1929 号 …………… *104*
一帯一路（Belt and Road Initia-
tive（BRI）） ……………………… *144*
インターネットと英語 ……… *157*
インフラシステム海外展開 … *144*
英国外務省（FCO） …………… *50*
エネルギー資源輸送 ………… *107*

◆ か 行 ◆

外航海運マフィア ……………… *96*
解散決議の採択 ………………… *52*
海事セキュリティ条約 ……… *100*
海賊 ……………………………… *113*
開放性ネットワーク ………… *149*
海洋安全保障 …………………… *99*
1992 年基金条約（1992FC）
……………………… *7- 10, 31, 54*
旗国（Flag States） …………… *91*
議題事項（Agenda） …………… *16*
拠出金 ………………………… *159*
拠出金の徴収 …………………… *33*
金融制裁 ……………………… *104*
決議 1816 号 ………………… *114*
決議が全会一致で採択 ……… *54*
厳格責任（strict liability） ……… *8*
公海（The High Seas） ……… *91*
公用語（Official Language） … *70*
国際海事機関（IMO） ……… *90, 94*
国際海洋法裁判所（ITLOS） … *92*
国際機関 ………… *14, 37, 45, 50*

——締約国裁判所との関係
………………………………… *56*
——の拠出金 ……………… *159*
——の日本人職員 ………… *160*
——の誘致 ………………… *164*
——の理想と現実 ………… *159*
国際裁判 ………………… *124, 126*
国際司法裁判所（International
Court of Justice（ICJ）） *124, 125*
国際法の機能と限界 ………… *35*
国際法律事務所 ……………… *74*
国際油濁保障基金（IOPCF） *6, 40*
——の清算 …………………… *40*
国際油濁補償基金制度 ………… *6*
国際連合（UN） ……………… *161*
国連安保理決議 1816 …… *114-116*
国連安保理決議 1929 ……… *104*
国連海洋法条約（UNCLOS） … *90*
国連憲章（UN Charter） ……… *124*
コンピューター予約システム
（CRS） ……………………… *154*

◆ さ 行 ◆

事務局（Secretariat） ………… *6*
司法判断適合性（justiciability）
………………………………… *52*
シーレーン …………………… *107*
使用言語（Working Language）
………………………………… *70*
条約作成 ……………………… *66*
条約と議会 …………………… *68*
条約の履行義務 ……………… *36*
信認状（credeutialc） ………… *17*

責任集中（channeling of liability）
　………………………………… 8
総会（Assembly）…………… 11
ソマリア ……………………… 114

◆た　行◆

勅撰弁護人
　→ Queen's Council
抵触法 ………………………… 80
デジタル・マーケティング … 156
同時多発テロ ………………… 100
特権免除 ……………………… 50

◆な　行◆

ニカラグア事件 ……………… 126

◆は　行◆

排他的管轄権（exclusive jurisdic-
　tion）……………………… 8, 32
排他的経済水域（Exclusive Eco-
　nomic Zone（EEZ））………… 91
被害発生国裁判所への排他的管轄
　権の付与（exclusive jurisdiction）
　…………………………………… 8
ビッグ・データ ……………… 156
開かれたインド太平洋（FOIP）
　…………………………………… 147
普遍的管轄権 ………………… 91
米国同時多発テロ …………… 131
便宜置籍 ……………………… 93
法の支配 ………… 86, 167, 168
北極評議会（Arctic Council） 110

◆ま　行◆

マラッカ・シンガポール海峡
　…………………………………… 108
南シナ海仲裁裁判 ………… 116
1992年民事責任条約（1992CLC）
　………………… 6, 8, 32, 105

◆ら　行◆

リーガル・アドバイザー（legal
　adviser）………… 4, 62, 64, 65
リーガル・カウンセル（legal
　counsel）……………………… 4
リスク・マネジメント ……37, 38
領　海 ………………………… 91

◆欧　文◆

Bar Exam …………………… 76
Barrister …………………… 84
Chatham House ………… 137
FCO（Foreign and Commonwealth
　Office）………………… 62, 64
Job Description …………… 12
Law School ………………… 76
Lingua Franca …………… 70
Official Language ………… 70
QC ……………………………… 85
Queen's Council（勅撰弁護人）
　………………………………… 85
SEO …………………………… 155
Solicitor …………………… 84
Working Language ……… 70

〈著者紹介〉

吉田 晶子（よしだ・あきこ）

1988年　京都大学法学部卒、2003年　ニューヨーク大学法科大学院法学
修士（LLM）

1988年　運輸省（現国土交通省）に入省し、鉄道、航空、海運、自動車各
分野の行政、外航海運分野を中心とした国際機関対応、インフラ海外
展開、インバウンド観光などの仕事に携わる。
国土交通省海事局危機管理室長、大臣官房秘書室長、大臣官房審議官
（国際）、関東運輸局長などを歴任

2010年〜2015年まで　国際油濁補償基金（IOPCF）法律顧問
国際法学会所属

〈主要著作〉

「国際海事条約における外国船舶に対する管轄権枠組の変遷に関する
研究」国土交通政策研究77号（2007年）

The 1971 IOPC Fund – The Road to Dissolution of an Intergovernmental Organization（Tulane Maritime Law Journal, vol.44〔2020〕）（共著）

「国際補償基金の解散に伴い顕在化した国際法上の論点と実務への影響
について──1971国際油濁補償基金の解散」国際法研究９号（2021年）

国際機関のリーガル・アドバイザー
──国際枠組みを動かすプロフェッショナルの世界──

2021（令和３）年 10 月 15 日　初版第１刷発行

著 者	吉 田 晶 子
発行者	今 井 貴
	稲 葉 文 子

発行所　信山社出版株式会社
〒 113-0033　東京都文京区本郷 6-2-9-102
電　話　03（3818）1019
ＦＡＸ　03（3818）0344

Printed in Japan　印刷・製本／亜細亜印刷・渋谷文泉閣

©吉田晶子, 2021　印刷・製本／亜細亜印刷・渋谷文泉閣
ISBN978-4-7972-8154-5 C3332　分類 329.402-a008 国際法・外交
P192 ¥1800E 329.100-a018 012-010-002

小和田恆国際司法裁判所裁判官退任記念
国際関係と法の支配
岩沢雄司・岡野正敬 編集代表

国際法研究 1 ～ 9 号 続刊
岩沢雄司・中谷和弘 責任編集

プラクティス国際法講義（第 3 版）
柳原正治・森川幸一・兼原敦子 編

サイバー攻撃の国際法
タリン・マニュアル 2.0 の解説
中谷和弘・河野桂子・黒﨑将広

ロースクール国際法読本
中谷和弘

国家による一方的意思表明と国際法
中谷和弘

信山社

現代選書シリーズ

未来へ向けた、学際的な議論のために、
その土台となる共通知識を学ぶ

中村民雄 著　EUとは何か（第3版）

林 陽子 編著　女性差別撤廃条約と私たち

黒澤 満 著　核軍縮入門

森井裕一 著　現代ドイツの外交と政治

加納雄大 著　環境外交

加納雄大 著　原子力外交

加納雄大 著　東南アジア外交

初川 満 編　国際テロリズム入門

初川 満 編　緊急事態の法的コントロール

森本正崇 著　武器輸出三原則入門

高 翔龍 著　韓国社会と法

三井康壽 著　大地震から都市をまもる

三井康壽 著　首都直下大地震から会社をまもる

森宏一郎 著　人にやさしい医療の経済学

石崎 浩 著　年金改革の基礎知識（第2版）

畠山武道 著　環境リスクと予防原則 Ⅰ
　　　　　　　　－リスク評価〔アメリカ環境法入門〕
畠山武道 著　環境リスクと予防原則 Ⅱ
　　　　　　　　－予防原則論争〔アメリカ環境法入門2〕

信山社

◆ 信山社ブックレット ◆

2021.10刊行最新刊

国際機関のリーガル・アドバイザー
― 国際枠組みを動かすプロフェッショナルの世界
　吉田　晶子 著

核軍縮は可能か
　黒澤　満 著

検証可能な朝鮮半島非核化は実現できるか
　一政　祐行 著

国連って誰のことですか ― 巨大組織を知るリアルガイド
　岩谷　暢子 著

経済外交を考える ―「魔法の杖」の使い方
　高瀬　弘文 著

女性の参画が政治を変える ― 候補者均等法の活かし方
　辻村みよ子・三浦まり・糠塚康江 編著

【自治体の実務1】空き家対策 ― 自治体職員はどう対処する？
　鈴木庸夫・田中良弘 編

ど～する海洋プラスチック（改訂増補第2版）
　西尾　哲茂 著

求められる改正民法の教え方
　加賀山　茂 著

求められる法教育とは何か
　加賀山　茂 著

＜災害と法＞ ど～する防災 土砂災害編 / 風害編 / 地震・津波編 /
　　　　　　　　　　　　　　　水害編
　村中　洋介 著

たばこは悪者か？ ― ど～する？ 受動喫煙対策
　村中　洋介 著

信山社